Yamashita Soki, Futatsugi Shin

ヒップホップ・アナムネーシス
ラップ・ミュージックの救済

山下壮起・二木信 編

Hip Hop
Anamnesis
Salvation of Rap Music

新 教 出 版 社

BADSAIKUSH

see page ☞ 122

田島ハルコ
see page 146

J. Columbus

see page ☛ 170

DyyPRIDE

see page ☛ 198

FUNI

see page ☞ 218

ＭＣビル風

see page ☞ 234

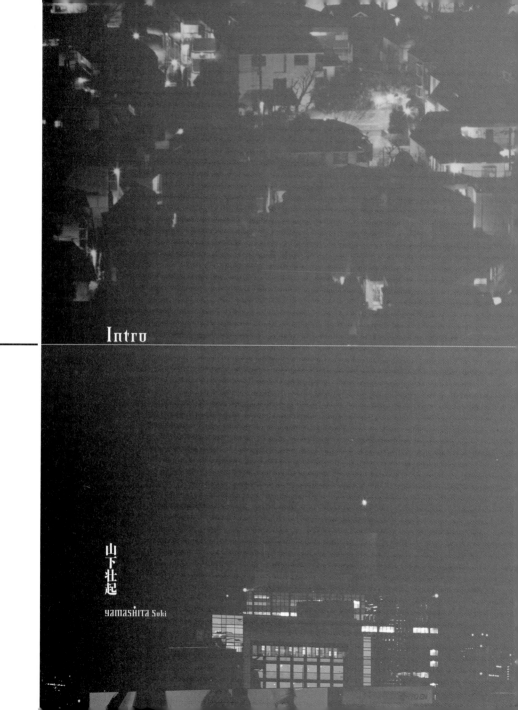

Intro

山下壮起
yamashita Soki

ヒップホップの力

想 起 による救済
アナムネーシス

ヒップホップは、キリスト教の限界を打ち破る救済の音楽である。公民権運動以後のアメリカ社会で黒人教会が社会問題から手を引いていくなか、ギャングスタ・ラッパーたちはゲットーの不条理な現実をありのままに取り上げ、その苦難や葛藤を正直にラップすることをつうじて救いのありかを見出してきた。ヒップホップは、自らの生の内に、そして、ストリートのただなかに、ゲットーの不条理な現実のなかで死した家族や仲間が 復 活[レザレクション]していまも共に在ることを歌う。そのことを論じたのが、2019年に刊行された『ヒップホップ・レザレクション』(新教出版社)だった。

　わたしと音楽ライターの二木信の共編著である本書はその続編として、いまここに救いをもたらすヒップホップの力についてさらに掘り下げ、オバマ政権以降のアメリカと日本の現実を中心に論じるものである。アメリカでは人種差別を超克する希望とみなされたオバマ政権下で、警察・白人至上主義による暴力が可視化された。それに対して声を上げたブラック・ライヴズ・マターを受け止めきれなかったオバマ政権に代わり、誕生したトランプ政権。そして、いまこれを書いているわずか数日前に、バイデンを次期大統領に承認する手続きに抗議するトランプ支持者らが連邦議会に乱入する事件が起きた。黒人の声をないがしろにしてきた民主主義政治が、レイシストらによる議事堂占拠という結果をもたらしてしまったのだ。一方で、日本に目を向ければ、拡大する格差、女性、セクシュアル・マイノリティ、エスニック・マイノリティ、障害者に向けられたヘイトスピーチや暴力、3・11と原発。それらを許してきた、アメリカ同様に腐敗した民主主義政治。そして、突如現れた新型コロナウイルスのパンデミック。これがわたしたちの現実である。

　しかし、こうしたなかにあって、わたしたちはヒップホップによって救われることが何度もあったのではないか。本書は、「アナムネーシス」をその救いの力を探る鍵とする。アナムネーシスとは想起することだ。すなわちキリスト教において、国家的暴力を象徴する十字架の上で殺されたイエス・キリストが、彼を愛した人びとの間に復活した、その死と復活を想い起こす営みを意味する。そ

して、この営みを中核とする聖餐の典礼は、イエスが宣べ伝えた〈神の国〉、つまり、神によって全てが解放された世界の先取りとして行われる。それは、神によって「きわめてよい」（創世記1章31節）ものとして創造された世界をいまここに取り戻すこと、その希望を信じることなのである。たとえ、どれだけ醜い現実のなかに置かれていたとしても。

そのように新しい世界を見出す力が、ヒップホップには秘められている。それは、ヒップホップの霊性（スピリチュアリティ）だといってもよい。ラッパーたちは、インナーシティの過酷な現実、警察の暴力によって失われた者たちを自らの内に見出すアナムネーシスによって、その者たちと共に見た世界をいまここに描き出してきた。そして、2020年、わたしたちは再びこのアナムネーシスの力の目撃者となった。アメリカでは、新型コロナウイルス感染症対策のために厳しい外出制限が課される状況のなか、数え切れない人びとが路上に飛び出してブラック・ライヴズ・マターの声を上げた。そこには、ヒップホップを爆音で鳴らし、"What's his name? What's her name?"（彼の名は？　彼女の名は？）と叫ぶ無数の若者たちの姿があった。かれらは警察・人種差別の暴力によって殺された無数の黒人たちの名前を呼んで想い起こし、解放された世界に向かって立ち上がった。イエスの復活を信じた人びとを新しい世界へと向かわせる原動力となったアナムネーシスによる救済の力が、2000年の時を経てヒップホップに宿ったのだ。

そして、アナムネーシスの力は日本のラッパーたちの言葉においても輝きを放っている。ラッパーたちはアナムネーシスの営みをとおして、自らの内にある救いの言葉を吐き出してきた。リスナーたちもまた、その言葉を自らの歩みに重ねるなかで救いを見出すだろう。救いとは決して上からの恩寵として与えられるものではなく、すでにわたしたち一人ひとりの内に秘められているものなのだ。ヒップホップが顕現させている多元的な救済の力、これが、本書の掲げる〈ヒップホップ・アナムネーシス〉である。

本書のチャプター1「ヒップホップの福音」は、『ヒップホップ・レザレク

ション』への反響のなかで組まれた『福音と世界』2020年6月号の特集「ヒップホップの福音」に収録された論考に、マニュエル・ヤンによる書き下ろしを加えたものである。そして、チャプター2「ラッパーたちの霊性（スピリチュアリティ）」は、BADSAIKUSH（バダサイクッシュ）、田島ハルコ、J. Columbus（ジェイ・コロンブス）の録り下ろしインタビューに加え、『福音と世界』の連載「福音の地下水脈（アンダーグラウンド）」でのDyyPRIDE（ディープライド）とFUNI（フニ）のインタビュー、「ヒップホップの福音」掲載のMCビル風のインタビューで構成されている。また、両チャプターの間にはインタールードとして、わたしが朝日カルチャーセンター中之島教室にて行った講演、アメリカでブラック・ライヴズ・マターと共闘するオサジェフォ・ウフル・セイクウ牧師の講演説教、「ヒップホップの福音」に寄せられた飯田華子の短編小説を収録した。さらに巻末には、ディスクガイド「救済のサウンドトラック」を付した。『ヒップホップ・レザレクション』の刊行、また本書の企画過程で生まれたリンクが反映された執筆陣が「救済」をテーマにアルバムをレビューした、読みごたえのある内容である。

　本書への寄稿者のお一人おひとり、そして、インタビューに応えてくださったラッパーのお一人おひとりに心から感謝を申し上げる。また、『ヒップホップ・レザレクション』から本書にいたるまでご尽力くださった新教出版社の堀真悟さんにプロップスを！　加えて、カメラマンの河西遼さん、前作に続き装釘を担当してくださった宗利淳一さんにも感謝が尽きない。

　なにより、本書を手に取ってくださった読者の皆さんへ。本書に詰め込まれた言葉の隅々から、アナムネーシスの力を受け取っていただけると幸いである。わたしたちにも宿されているその力を感じ、覚醒させることをとおして、新しい世界への希望が開かれていくことを願っている。

編者を代表して

2021年1月

Chapter 1

ヒップホップの福音

ヒップホップはわたしたちを自由にする。社会が生み出した矛盾の狭間に生きる者たちは、支配の力に向けて中指を突き出し、心の内の全てをビートのうえにさらけ出す。そのようにして吐き出された言葉は、誰にも占有されないわたしたちの物語となる。「世界はお前たちのものだ」との福音を告げるラッパーたちのコンシャスネスが、全てが解放された世界〈神の国〉を切り拓くのだ。

1

サグ・アナムネーシス

ならず者たちが見る新しい世界

山下壮起

yamashita Soki

『ヒップホップ・レザレクション』

　ギャングスタ・ラッパーたちは、反社会的な事柄を露悪的にラップする一方で、神、天国や地獄、そして、イエス・キリストに言及する。私は『ヒップホップ・レザレクション──ラップ・ミュージックとキリスト教』(新教出版社、2019)において、一見すると矛盾して見えるこの現象の分析によって、アフリカ系アメリカ人の若者たちの宗教性（スピリチュアリティ）について明らかにすることを試みた。

　警察官からの日常的な嫌がらせ、違法薬物の売買による成り上がり、ギャングの抗争による親しい者の死、その死をもたらした者への報復、先の見えない生活のなかで生じる希死念慮。ギャングスタ・ラップはストリートが生み出す不条理を「徹底した正直」[1]によってありのままに取り上げてきた。しかし、その反社会的な内容は、黒人教会が急先鋒に立った多くの批判に晒されてきた。公民権運動以降、黒人社会の階層化によって保守化した黒人教会は、私的・内面的な救いについてしか語らなくなった。ヒップホップを黒人の市民権獲得の輝かしい闘いを冒瀆するものと見なす一方で、都市の空洞化によって生じたインナーシティを取り巻く貧困、犯罪、薬物などの問題の餌食となる若者たちへの福音を語ることができなくなったのである。

　教会が語る福音から遮断されたことで、若者たちはヒップホップをつうじて神の救いについて論じ始めた。そして、ギャングスタ・ラッパーたちは、聖書の言葉をストリートの現実に即して読み直し、生きることのなかに神の救いのメッセージを見出した。彼らは死へと向かわせる力が大きく働く現実をありのままにラップすることで、その力に飲み込まれることを拒絶する。さらに、そこで死した者が復活して、生ける者の生のなかに共に在ることへの確信を歌うのだ。

　ヒップホップは過酷な現実をそれでも生きようとすることに神の救いを見出す。それはいわばヒップホップ的現在終末論である。では、そこでは何が福音＝良

1　Imani Perry, *Prophets of the Hood: Politics and Poetics in Hip Hop* (Durham, NC: Duke University Press, 2004) p. 6.

い知らせとして示されるのか。本稿では、『ヒップホップ・レザレクション』で議論しきれなかったことを拾い上げつつ、ヒップホップの福音について論じてみたい。

黒人教会の死と預言者としてのラッパーたち

2010年、プリンストン大学アフリカン・アメリカン研究科のエディ・グロード教授が、ハフィントンポストに "Black Church Is Dead"（黒人教会は死んだ）と題した挑発的な論説を寄稿した。グロードは黒人教会が「死」に至った要因について次の三点を挙げている。①黒人教会には公民権運動の急進的なイメージがあるが、実際は保守的である、②アフリカ系アメリカ人社会の分化・多層化を背景に、黒人信徒が白人牧師のメガチャーチへと流入している、③公民権運動の過去の栄光にひたるあまり、教会の社会的求心力を過信しすぎている。グロードはこの三点から黒人教会の死を宣告するが、一方で、現代の重要な局面で預言者的な声を上げることができるなら、黒人教会は神の愛の証人として「復活」することができるという希望で文章を締めくくっている[2]。

この記事が出てから10年以上が経過したわけだが、残念ながらグロードの期待に反して、黒人教会の「復活」の兆しは見えてこない。この間アメリカでは、アフリカ系アメリカ人の命が軽視される現状に抗議するブラック・ライヴズ・マター運動（以下BLM）が展開され、アメリカ史上初のアフリカ系アメリカ人大統領となったオバマから、性差別や人種差別発言を繰り返しアメリカ第一主義を掲げるトランプに政権が交代した。そうした状況のなかで、黒人教会・黒人牧師らが預言者的な響きをもって社会にメッセージを発信してきたとは言い難い。

そんな黒人教会とは対照的にBLMを象徴する言葉となったのが、ラッパー

2　Eddie Glaude, Jr., "The Black Church Is Dead," *HuffPost*, April 26, 2010. (https://www.huffpost.com/entry/the-black-church-is-dead_b_473815)【最終アクセス2020. 3. 18.】

のケンドリック・ラマーの「Alright」(2015)のサビ "We gon be alright!"(俺たちは大丈夫だ)であった。ケンドリック本人は政治的意図をもってこの曲を制作したわけではないが、BLMに参加した若者たちは彼の言葉を運動のアンセムとし、アメリカ各地でこのフレーズを叫び続けた。

　公民権運動以降、キング牧師の "I have a dream"(わたしには夢がある)や "Free at last!"(ついに自由を得た)、ジェシー・ジャクソンの "Keep hope alive!"(希望を持ち続けよ)など、黒人教会の牧師の放った言葉が黒人解放運動のスローガンとなってきた。しかし、2000年代以降、新しい世代の黒人牧師のなかで黒人社会を代弁できるリーダーは現れず、保守化した黒人教会に成り代わって、ラッパーたちが預言者的役割を果たしているといえるだろう。それは、チャイルディッシュ・ギャンビーノが黒人に対する暴力とそれが軽視される状況を真正面から取り上げ、さらに強烈なミュージックビデオによって「これがアメリカの本当の姿だ!」と告発した「This Is America」(2018)にもつうじる。

　社会問題への言及は、グランドマスター・フラッシュ＆ザ・フューリアス・ファイブの「Message」(1982)のように、ヒップホップが音楽市場に登場したころから行われてきた。そして、パブリック・エネミーやKRS-ワン、タリブ・クウェリといったコンシャス・ラップと分類されるラッパーたちが、貧困、人種差別、インナーシティの諸問題を取り上げてきた。しかし、アメリカの不条理を批判してきたのはコンシャス・ラッパーだけではない。ギャングスタ・ラッパーたちはインナーシティの現実として反社会的な事柄を取り上げながら、かたや、黒人の若者が置かれているアメリカの不条理について告発してきた。そして、その不条理を徹底して正直に描き出すことによって、インナーシティの諸現実に支配されることを拒絶し、"It's all good!"[3](問題ない、大丈夫だ!)と希望のメッセージを吐き出してきた。ケンドリックの「Alright」やギャンビーノの「This

---

3　ノトーリアスB.I.G.「Juicy」(『Ready to Die』バッド・ボーイ・レコーズ、1994)、2パック「To Live and Die in L.A.」(『The Don Killuminati: The 7 Day Theory』デス・ロウ・レコーズ、1996)など、多くのラッパーがこの表現を用いている。

Is America」は、ギャングスタ・ラッパーたちの預言者的告発の系譜からも理解する必要があるだろう。

Is Jesus King?

　2010年以降、黒人教会の影響力が低下していく一方で、ヒップホップにおいてキリスト教信仰について取り上げるラッパーたちが現れるようになった。とりわけ、カニエ・ウェスト、ケンドリック・ラマー、チャンス・ザ・ラッパーなど世界的に有名なラッパーたちがこの点で注目されている。ところが、キリスト教信仰を取り上げるラッパーたちは決して一枚岩ではないし、かれらがキリスト教信仰やイエス・キリストについて最初に歌ったわけでは決してない。そもそも、『ヒップホップ・レザレクション』で指摘しているように、ラッパーたちはヒップホップが音楽市場に登場した初期の頃から宗教的表現を多用し、ストリートの現実に即して聖書の言葉を読み直してきた。そして、90年代初頭に登場した2パックがインナーシティの現実とイエス・キリストをたびたび結びつけてラップしたことで、90年代後半以降にはヒップホップにおいてイエスが言及されることが多くなっている。

　2000年代に入り、イエスについて取り上げた曲で最も注目されたのはカニエ・ウェストの「Jesus Walks」（2004）だろう。イエスはストリッパー、殺人者、違法薬物の売人と共に歩むとラップするカニエの言葉には、「神は我らの側にある」と主張してアフガニスタン侵攻とイラク戦争を正当化するブッシュ・ジュニアとそれを下支えする福音派への痛烈な批判が込められている。ところが、2019年10月、カニエはゴスペル・ラップのアルバムとして『Jesus Is King』を発表する。ゴスペル・ラップは1970年代に福音派の若者の間から誕生したコンテンポラリー・クリスチャン・ミュージックに位置づけられる。カニエは福音派クリスチャンへと"新生"し、『Jesus Is King』は福音宣教の目的で制作された。それゆえに、そこには「Jesus Walks」のような政治批判は見られず、福

音派的な信仰理解に基づく世界観が展開されるのみである。

　カニエと同様に、ケンドリック・ラマーもキリスト教信仰を臆することなく表現するラッパーである。しかし、ケンドリックのキリスト教観は「Jesus Is King」とは異なる。セカンドアルバム『To Pimp A Butterfly』(2015)を生前の2パックのインタビューを駆使した疑似的な対話で締め括ることからも明らかなように、ケンドリックには2パックが示したイエス観が継承されている。それは ならず者（thug）たちへの福音と呼べるものである。

　「Jesus Is King」は、終末のときに再臨のイエスが審きをもたらし、「王」としてこの世界を支配するという福音派の信仰理解を表している。しかし、それはゴスペル・ラップの福音でしかない。ラッパーたちの救済観は決して一枚岩ではないが、ヒップホップとイエスを結びつけるのであれば、ヒップホップの福音は「Jesus Is King」ではなく「Jesus Is Thug」となるのではないだろうか。

　ギャングスタ・ラップはインナーシティの現実に即して聖書を読み直し、新しいイエス像を浮かび上がらせてきた。それはギャングスタとしてのイエスである。イエスは本当の父親が誰かわからずに未婚の母から生まれ、ナザレの寒村で育った経験に即してユダヤ教の聖典を読み直し、ガリラヤに生きる人びとの現実のなかに福音を見出した[4]。その福音に魅せられた者たちがイエスに従い、徒党（ギャング）を組んでいった。そして敵対するグループの本拠地である神殿で大暴れした結果、イエスは当局に収監され、犯罪者として処刑された。聖書に記されるイエスの足取りはひとりのならず者の物語なのだ。

　それゆえに、犯罪者として処刑されたイエスの姿は、ギャングスタ・ラップにおいて神がならず者たちと共にあることを示すものとして受け取られる。『ヒップホップ・レザレクション』でも紹介したシカゴのトリニティ合同教会の牧師オーティス・モス三世は、イエスと共に十字架で処刑された犯罪者をならず者と読み替え、彼らを「社会に挫かれた者」として理解する。このことは、2パッ

4　Ebony Utley, *Rap and Religion: Understanding the Gangsta's God* (Santa Barbara, CA: Praeger, 2017) p. 58.

クの thug 理解から影響を受けたものだろう。2パックは、thug とは「持たざる者、負け犬」であり、あらゆる困難を克服した者だという理解を示す[5]。さらに、2パックは腹部に THUG LIFE というタトゥーを入れている。これは「ならず者」としての生き方を誇張するものではなく、The Hate U Give Little Infant Fucks Everyone（幼子に与えられた憎しみが、全てをめちゃくちゃにする）の頭字語としての意味が込められている。ここに、thug とは「この世の憎しみを身に受けた者」であるとの理解が示される。2パックはインタビューのなかで、「THUG LIFE は新しいブラック・パワーの思想だ」と答えている[6]。黒人として生まれ、小さい頃から自分の黒い肌を憎むことを植えつけられてきた人びとに自身を愛することを伝えなければ、この社会はめちゃくちゃになってしまう。自らを滅ぼすような生き方を離れて、コミュニティ再生のために立ち上がろうというメッセージが THUG LIFE に込められている。

　この視点は、2パックが繰り返しイエスに言及してきたことと密接に結びついていると考えられる。イエス自身、貧しい未婚の母から生まれた私生児としてこの世の憎しみを身に受けてきた。そして、社会のなかで憎しみを受けた人びとに愛を宣べ伝えた。2パックは、そのイエスが語ったことをならず者が生きるストリートの福音として読み替えていったといえる。ヒップホップは、イエスの姿をストリートの諸現実のなかで犠牲となっていったならず者たちに重ねる。それゆえに、THUG LIFE に連なるラッパーたちは、社会からの憎しみに晒されてきた者に福音を語らなくなった教会に代わって、神の祝福を宣言するのである。

サグ・アナムネーシスと新しい世界

　ヒップホップにはもうひとつキリスト教との重要な共通点がある。それは死者

5　*TUPAC SHAKUR: T.H.U.G.L.I.F.E.* (https://www.youtube.com/watch?v=128ao5Xl_VY)【最終アクセス2020. 3. 14.】

6　同上。

の想起（アナムネーシス）である。キリスト教では聖餐をつうじて、いまここに生きる者たちが十字架で死を遂げたイエスを想起する。そのイエスの死と復活を想起するキリスト教の聖餐は、イエスが宣べ伝えた神の国の到来、神によって解放された世界の先取りとして行われる。キリスト教の信仰共同体は、聖餐におけるアナムネーシスによってひとつに結びつけられてきた。

　これらのことは、ならず者たちのアナムネーシス、〈サグ・アナムネーシス〉とパラレルである。ラッパーたちは楽曲のなかで死者の名を呼んでその存在を記念する。それは、ラッパーたちが、路上（ストリート）で死した者は復活して生ける者と共に在るのだと確信し表明することに結びついている。復活とは、死によって目には見えなくなった者たちの存在を自らの生のなかに見出すことである。それゆえにラッパーたちは、自分たちの置かれた現実は地獄であるとしながらも、他方では、神の赦しによる天国への確信のなかで、ならず者たちのためのゲットー・ヘブンの希望をラップするのだ。

　死者を想起することは、死者と共に過ごした時間の単なる回想ではなく、死者と共に在る生がいまここにあると信じることである。これは、ラッパーたちが産獄複合体の餌食となって監獄に閉じ込められた友人の名を呼んで、"Keep your head up"（誇り高く振る舞おう）と励ますことにも重なる。収監によって社会的に抹殺された者が解放され、復活するときを思い描くのである。アメリカ各地のインナーシティに共通する兄弟や仲間の死という経験に対して、ラッパーたちは死者を想起することで、解放された世界を描き出してきた。つまり、ヒップホップにおけるアナムネーシスをつうじて、ヒップホップ世代はひとつのコミュニティとなり得たということである。

　ヒップホップの福音を呼び起こすサグ・アナムネーシスは、日本のヒップホップにおいても2019年に舐達麻（なめだるま）がもたらした衝撃とともに鮮烈に受け止められているといえるだろう。埼玉県熊谷市を代表（レペゼン）するグループである舐達麻はいわゆる裏の世界で生きてきた若者たちの現実をラップし、大きな注目を集めた。しかし、彼らのラップはそれだけではない。2019年にリリースされたアルバム

『GODBREATH BUDDHACESS』全体をとおして、メンバーの1.0.4（トシ）に捧げる祈りや、楽曲制作時に獄中にいたD BUBBLES（ディー・バブルス）への思いが貫かれている。特に金庫強盗をしたときの逃走中に起きた事故によって亡くなった1.0.4への思いを綴った言葉は、サグ・アナムネーシスの真価を輝かせる。

いつまでもあのままの1.0.4／取り損ねた金額分今頃に回収／お前のいない分／俺たちの多い取り分／お前の母ちゃんに渡す

BADSAIKUSH（バダサイクッシュ）「FLOATIN'」

死んじまった奴の分も生きてみる…今を生きてる奴らと上げる狼煙

DELTA9KID（デルタナインキッド）「Lost Bubblers」

　金庫強盗の結果、大切な仲間をカーチェイスによる事故で喪（うしな）ってしまう。その出来事をありのままにラップする。彼らが「徹底した正直」によって吐き出す言葉は、仲間を喪ったことへの懺悔のように聴こえる。しかし一方で、BADSAIKUSHが「事件現場1.0.4／コンクリート突っ込む140km／最期の会話『後ろ見とけ、後ろ！』／いま先しか見てない」とラップするのは、仲間の死を自らの身に帯びながら共に生きているからだろう。そして、その「先」に見ているのは、懺悔に対する赦しから見出される新しい世界なのではないだろうか。

　この世界こそ、ヒップホップ的現在終末論が示すものである。終末とは破滅的な「この世の終わり」を意味するのではない。聖書で「終わり」と訳されるギリシャ語のテロスτέλοςは、成就を意味する。終末論とは単に破滅的な現実に満ちた世界の終わりを意味するのではなく、その終わりのなかで同時に芽生えつつある、新しい世界の成就に向かう歩みがいまここで始まっていることを啓示するものである。

　ラッパーたちの「徹底した正直」は、インナーシティの現実を描き出すことで

預言者的告発となるだけではない。「徹底した正直」によって現実をありのままに見つめることは、「社会において挫かれた者」であるならず者たちの死に向き合うことを必然的に伴う。ラッパーたちはその死を自らの生の一部として受け止めることをつうじて、ストリートで死した者の復活を宣言し、そこに新しい世界へのビジョンを描き出す。そのビジョンがギャング間の仲裁やラッパー同士の対立の克服を可能にしてきたように、サグ・アナムネーシスは様々な形で新しい世界の可能性やその萌芽を提示する。

　ヒップホップ的現在終末論はストリートの諸現実をそれでも生きることに救いを見出す。だからこそ、ラッパーたちは自分たちの在り様をさらけ出し、"It's all good" "We gon be alright!"と徹底した生の肯定をラップするのだ。その言葉は、いまここに新しい世界の始まりを告げる現在終末論の黙示的な響きを放つ。「わたしはまた、新しい天と新しい地を見た。（略）神は自ら人と共にいて、その神となり、彼らの目の涙をことごとくぬぐい取ってくださる。もはや死はなく、もはや悲しみも嘆きも労苦もない。最初のものは過ぎ去ったからである」（ヨハネによる黙示録21章1－4節）の言葉のように。

2 間違ってることを正しいと歌わない

日本の"コンシャス・ラップ"の現在

二木信

FUTATSUGI Shin

正義も悪もごちゃ混ぜられた街の息子

仙人掌「VOICE」(2016)

資本主義は最大の味方であり、最大の敵

　2020年3月に出版された文藝別冊『ケンドリック・ラマー　世界が熱狂する、ヒップホップの到達点』（河出書房新社）のなかのインタビュー記事において、1990年代後半から東京を拠点に活動をつづける1982年生まれのラッパー、仙人掌は"コンシャスネス"の変容を次のように簡潔に語っている。

　「コンシャスネスは、意識的に社会問題を歌うことよりも、自分自身に向き合うなかで自然と言葉になるものなんだと思います。自分の内面の問題や個人的な環境を歌うということは、イコールそいつの周りの環境を歌うことでもあるし、世界を捉えることでもある。かつては政治的・社会的に自覚を促すリリックを通じてコンシャスネスが表現されていたけど、現代のラッパーは、現代のコンシャスネスはもっと広く大きなものを捉えている」。

　この仙人掌の発言の背景に、アメリカのヒップホップの時流や価値観の変化が日本国内にも影響を与え、この国のヒップホップ・カルチャーの価値観が米国のそれと並走しているという認識があることを確認しておきたい。2000年代前半あたりまでは、アメリカにおいても社会意識を持ったラップをコンシャス・ラップと定義するのが一般的であった。たとえば、NYのブルックリン出身のモス・デフやタリブ・クウェリらが代表的なコンシャス・ラッパーだ。彼らはアフリカ系アメリカ人のアイデンティティやルーツを強く意識し、またそのような自覚を、特に同胞のリスナーや聴衆にも促してきた。その一方でタリブ・クウェリなどは、コンシャス・ラップというレッテルを貼られたがために、商業的成功を狙うラジオ・フレンドリーなポップな楽曲を発表するだけで「セルアウト[1]した」と批判されることに葛藤を抱えていた。

　いまから考えればあまりにもシビアなそうした"分断"された状況を打破した人物がいる。モス・デフやタリブ・クウェリと並び、1990年代後半から2000

1　政治的／芸術的信条より商業主義を優先すること。

年代前半にコンシャス・ラップの旗手として頭角を現したシカゴ出身のコモン
は、彼と同郷のカニエ・ウェストこそがコマーシャリズムと社会意識の高いコン
シャス・ラップとの壁を壊したと、ある記事で語る。

　「金を稼ぎたいってラップしながら、「Jesus Walks」なんて曲をやってもいい
んだっていうのは、ある種カニエが持ち込んできた概念だよ。(中略)カニエが
始めたのはそういう色んな世界をひと括りにするってことだ」[2]

　現在のカニエ・ウェストの"迷走"についてここで深入りする余裕はないが、
カニエ・ウェストがコマーシャリズムすなわち商業主義と社会意識の高いコン
シャス・ラップの壁を壊し、色んな世界をひと括りにしたというコモンの解釈を
理解するには、資本主義との関係について考える必要がある。そこでKOHH
(コウ)だ。1990年生まれ、東京都北区王子出身の刺青だらけのこの希代の
ラッパー／アーティストは、「Business and Art」(2016)という曲で「ビジネス
じゃなくて芸術だけしてく」と芸術の価値を商業主義と切り離し肯定する一方
で、同年に発表した「働かずに食う」では「芸術なんて都合良い言葉」とあっ
さりと芸術の価値を切り捨ててみせる。こうした相反する意見の表明にたいし
て本人はインタビューなどで、「気分」と「人間は矛盾しているのが当たり前」
という言葉で説明している。たしかに気分であり矛盾にちがいない。だが、
KOHHは金やビジネスとアートの現代的な関係を直感的に掴み表現している
のではないか。わたしたちはいま、高価な車やアクセサリーやジュエリーなど
の資本主義的欲望の象徴を見せびらかすラッパーが、次の瞬間には「世の中
はカネじゃない」と歌うラップ・ミュージックが成立する時代に生きている。『ゲッ
トーを捏造する――アメリカにおける都市危機の表象』(彩流社、2007)の著
者である歴史学者のロビン・D・G・ケリーの資本主義分析に倣えば次のよう
に言えるだろう。「ヒップホップにとって資本主義は最大の味方であり、最大の

2　「ヒップホップと政治問題の歴史：グランドマスター・フラッシュからケンドリック・ラマーまで」
　『uDiscoverMusic』2020. 2. 2.(https://www.udiscovermusic.jp/stories/politics-of-hip-
　hop)【最終アクセス2020. 7. 28.】

敵である」。現在のヒップホップ／ラップ・ミュージックにおけるコンシャスネス
は、こうした矛盾のなかで内面を深く見つめ直すことなしに芽生えることはない
のだ。

政治的正しさ＝PCとの格闘

　現在の日本のヒップホップにおけるコンシャスネスを考える際に、Moment
Joon（モーメント・ジューン）と田島ハルコという二人のラッパーは重要人物であ
る。両者はおのおのが豊かで多面的な個性を持つがゆえに、ここで包括的に
すべてを語り切ることはできない。そこで、"ポリティカル・ラップ"という本論
考の主題に沿った観点に絞り二人の表現について考えてみたい。

　1991年に韓国・ソウルの北部・蘆原区で生まれ育ち、現在大阪在住の
ラッパー、Moment Joonこと金範俊。彼は2020年3月に発表したファース
ト・アルバム『Passport & Garcon』で、植民地時代まで遡り韓国／日本を主
とする東アジアの近現代史を直視し、現代日本を生きる"移民者"の立場でこ
の社会の矛盾や亀裂を深い感情とともに内側から抉り出している。そのために
彼は、「TENO HIRA」という曲では蔑称を自ら用いる表現も辞さない（「Home
／CHON」という蔑称をタイトルにした曲さえある）。ここではあえてその生々しさを
伝えるために「TENO HIRA」の歌詞を記すが、「このクソチョンこそ日本のヒッ
プホップの息子」というラインがある。本人はこの蔑称を朝鮮ルーツの人にた
いして投げかけることをしたくはないし、アフリカ系アメリカ人の若者が仲間同
士で互いを呼び合うときに用いるNワードのように気軽に使われることを望んで
いない、と筆者の取材で語っている。その上で彼は、自身が強調するアイデン
ティティである「immigration＝移民」と「GANG＝ギャング」を掛け合わせた
造語をタイトルにした「ImmiGang」という曲などで、自分に蔑称を浴びせてく
る連中には「レンガでビンタ」と抵抗の態度を明確に示している。

　一方、田島ハルコは2019年に発表した『kawaiiresist』というアルバムに「ち

ふれGANG」という曲を収録、ミュージック・ビデオも公開している。この「ち
ふれ」とは、全国地域婦人団体連絡協議会、略して"地婦連"が名前の由
来の化粧品である。地婦連は、戦後は原水爆禁止運動や沖縄返還運動にも
取り組み、その後消費者運動に乗り出すことで、1968年に低価格かつ品質も
良い化粧品を目指してくだんの化粧品を生み出した。この曲には次のような強
烈なパンチラインがある。「つまらん男に買ってもらうためにソフレ／なるより自分
で買うちふれ／ワープアで非正規とか肩書きなら気にしねえ／そもそもこんな社
会許さねえ」。これは、階級意識を有した上でメイクに気合いを入れる"ちふ
れギャング"からの宣戦布告であろう。

　Moment Joonと田島ハルコのコンシャスネスは、歴史に向き合う姿勢と政
治的正しさ（ポリティカル・コレクトネス／PC）への態度に如実に表れている。両
者に共通点があるとすればそこだ。政治的正しさは表現の幅を狭め、彩りを
失わせるという壮大な勘違いがいまでもあるが、それはまったくの誤りである。
また、政治的に正しい表現が常に"正しい"わけではないし、政治的正しさ
に無頓着な表現が必ずしも革新的なわけではない。Moment Joonと田島ハ
ルコは、政治的正しさの知識と意識を有しそのなかで格闘することで、表現
を日々錬磨しているのだ。そして、両者とも孤高でありながら、ギャングという
集団性を含意するタームを用いることで、これから出会うべき仲間に呼びかけ
ている。

　Moment Joonは前述した『ケンドリック・ラマー』の特集号において、アル
バム『DAMN.』（2017）でピューリッツァー賞の音楽部門を受賞した"ギャング
の街"コンプトン出身のラッパー＝ケンドリック・ラマーが、黒人の苦難の歴史
やルーツに言及しアフリカ系アメリカ人の誇りや尊厳の回復を力強く歌うと同
時に自身の"弱さ"や"傷"をも見せる「Hiii PoWeR」（2011）について触れ、
そうして相反する感情を一曲のうちに共存させる表現を現代のコンシャス・ラッ
プの特徴だとしている。「ぼくはもともとコモンやモス・デフ、タリブ・クウェリが
好きだったんですけど、彼らは、何が正しくて何が間違っているのか、それは

俺が教えてやるという語り口をしがちですよね。でもケンドリックは、ここぞというところで傷や弱さを見せる」[3]。

　"PCとの格闘"の一方で、こうした、いまだマチスモが支配的な価値観であるヒップホップ・カルチャーにおける内省、あるいはそうした男らしさを重んじる価値観の変容とメンタルヘルスの関係などは、現代のコンシャスネスを考える上で重要な論点である。

ストリート・リアリズムから優等生の内省へ

　そうした議論の高まりは、過去の作品や表現の再評価／再解釈にもつながる。ここでマチスモと内省という観点から考えたとき、それが偶然であるとしても、ラッパーSEEDA（シーダ）のアルバム『花と雨』（2006）が原案となった同名タイトルの映画（土屋貴史監督）が2020年初頭に公開されたことの象徴的な意味を考えずにはいられない。

　アルバム『花と雨』は、SEEDAのラップ・スキルと総合プロデュースを担当したBACHLOGIC（バックロジック）の手腕による音楽作品としてのクオリティの高さは強調してもし過ぎることはないし、亡き姉への想いを綴った表題曲や、いわば非合法なストリート・ライフから足を洗う決意をしたかもしくはすでに足を洗ったその後を描いたとも聴ける清々しい「DAY DREAMIN」などの細やかな叙情や濡れたドラマに彩られていた。しかし当時は、SEEDAの過去の実体験を基に麻薬売買を主題とするいわゆる"ハスリング・ラップ"の先駆的作品としての側面が強調され、大きな衝撃をこの国のヒップホップ・シーンに与えたのだった。つまり誤解をおそれず書けば、"ドラッグ・ディーラー"の物語として耳目を集めたのだ。そのことは「心からサグになれない自分」（「WE DON'T CARE」）という歌詞に端的に示された、『花と雨』における重要な構成要素で

3　Moment Joon「断絶したルーツの先で響く歌」取材・構成＝二木信、彫真悟『文藝別冊 ケンドリック・ラマー』（河出書房新社、2020）p. 38-47。

ある、内気な青年がストリート・ライフにおいて経験したマチスモとの軋轢や距離感などを少なからず後景化させたのではないか。後景化という表現が回りくどければ、次のように言えるだろう。つまり、当時、『花と雨』におけるマチスモとの距離感や内省は、麻薬売買を主題とした刺激的なストーリー・テリング以上に議論され、批評されなかったのではないか。

　ところが、今年公開された映画『花と雨』ではむしろ、2006年当時は後景化していた諸要素が前景化している。劇中では精神疾患を抱え思い悩んでいた姉が自ら命を絶った痛ましい事実がほのめかされているが、その亡き姉の机に向かい、彼女がこれからの未来のために使うはずだった履歴書にリリックを書くシーンが象徴的である。自分の名前はかろうじて枠のなかに書くものの、筆を走らせるうちに涙があふれ出し言葉は枠からはみ出していく。この枠を越えてリリックを書くシーンは、自らが一般的な社会規範やレールから外れていく様を描いた「LIVE and LEARN」のメタファーとなっている。そこで書かれるリリックもこの曲のものだ。少年時代を過ごしたロンドンで受けた人種差別、裕福な日本人であるがゆえに妬まれた経験、東京に戻って来てから金を得るために手を染めたドラッグ・ディール、その最中で経験する欲と妬みから生じる裏切り。中盤からは、ドラッグをデリバリー（配達）するためにパトカーをかわしながら忙しなく都内を車で流す際の焦燥感とシンクロするように、ストリングスとSEEDAのラップの緊張感が増していく。そして、仲間が逮捕されていき、最後に待ち受けているのは主人公自身の逮捕という最悪の結末である。

　『花と雨』が仮に音楽作品の数年後に映画化されていたとすれば、ヒップホップ流のフッド・ムーヴィーとハードボイルドな犯罪モノを掛け合わせた作品に仕上がった可能性は十分に考えられる。しかし、2020年に映画化されたことで、裕福な家庭で育った実家暮らしの内気な青年がなぜ東京という大都市でドラッグを売り捌くことになったのかという優等生の内省を描く、いわばこの国における“グッド・キッド・マッド・シティ＝狂った街で生きる真面目な男の子”の物語として完成している。

リアルの追求と徹底した正直

　SEEDAとは異なる道を歩んできたのが、2000年代に日本におけるギャング
スタ・ラップを開拓した先駆者である新宿のラッパー、漢 a.k.a. GAMIだ。い
まや地上波のテレビでも人気を獲得した彼は、すくなくともラップ・ミュージ
ックという表現のなかにおいてはある時期まで、暴力やドラッグと密接不可分な
ストリート・ライフの無慈悲さと冷酷さを描き出す、ヒップホップ版フィルム・
ノワールの王道を突き進んできた。それについては、筆者が企画・構成で携
わった、漢の半生を赤裸々につづった自伝『ヒップホップ・ドリーム』(河出書房
新社、2015)に詳しい。

　アンダークラスのアフリカ系アメリカ人の苦境から生み落とされたヒップホッ
プの宗教性を描いた山下壮起の『ヒップホップ・レザレクション──ラップ・
ミュージックとキリスト教』(新教出版社、2019)におけるもっとも重要な主題は
「聖俗二元論の超克」と「救済」であると思われるが、一方『ヒップホップ・ド
リーム』の主題は「善悪二元論の超克」であった。わたしたちはより良い健全
な社会や人生を望む一方、犯罪や暴力といった反社会的なトピックを描き既
存の倫理や道徳を破壊する音楽や芸術、あるいは痛快なアンチ・ヒーローや
悪漢に強烈に惹かれ、ときに深く愛す。漢はおそらく、そうしたアンチ・ヒー
ローへの憧れを抱く多くの若者に希望を与えた。だが、話はキレイゴトだけで
は終わらない。「I'm a ¥ plant」(2012)などで聴ける無慈悲かつ冷酷なラップ
表現によって、少なくない人びとが悪徳の道に導かれたことは想像に難くない。

　そんな漢の自伝の文庫化(2019)に際して加えられた補論のなかで、彼は
大胆にも自身のラップ表現における"正しさ"を否定している。どういうことか。
漢は「俺のラップにメッセージはない。俺のラップは"言い訳"だ」と、かねて
から主張しつづけてきた持論をさらに展開している。たとえば音楽の世界には
メッセージ・ソングというものがある。それは一般的に、ラッパーやミュージシャ

ンが世の中や社会に伝えたい主張や意見を込めた歌や曲を指す。そして、仮にそのメッセージが特定の時代のある国や社会や地域における反社会的、反道徳的、または非合法な行為を肯定するものであっても、"正しさ"を信じているからこそアーティストはその歌を歌い、曲を奏でる。それがメッセージ・ソングだ。

　だが、漢のラップはメッセージではない。彼は"正しさ"を伝えるために歌ってきたのではなく、ラップという表現方法を獲得した時点からそれによって自分の生き様をリアルに告白することで、この無慈悲かつ不条理な世界を生き延びようとしたからである。生きるために、自身の反社会性や反道徳性をラップという手段で正当化してきた。だからラップは"言い訳"と言い切る。これこそが、漢のコンシャスネスに基づく"リアルの追求"であり、山下の言葉を借りれば"徹底した正直"である。

　現代のコンシャスネスは、決して"正しさ"を放棄するものではないが、必ずしも"正しさ"に依拠しない。そのことが現代のラップ・ミュージックの多様性を担保すると同時に、多くの人びとに戸惑いを与え、逡巡を促し、ときには激しい反発や怒りを招く。本稿のタイトル「間違ってることを正しいと歌わない」は、「Roots My Roots」(2019)という曲のBADSAIKUSH(バダサイクッシュ)の冒頭のリリックからの引用である。これは次代のギャングスタ・ラッパーの至言だ。「正義も悪もごちゃ混ぜられた街」のなかで、自分が間違っていると考えることを正しいと歌わない。指針は自分のなかにある。これをコンシャスと言わずして何をコンシャスと言えようか。

3

"Nearer My God to Thee"

「人種戦争」とワッツの預言者たち

マニュエル・ヤン

Manuel Yang

オレたちは「黒人の命は大事だ」と言うが

じっさいそうだったことはない

誰も気にとめたことなんかなかった

てめえらの嘘っぱちの歴史書を読んでみな

でも、正直、ブラックだけじゃねえ

イエロー、ブラウン、レッド［アメリカンインディアン］もそうだ

カネをもってないやつは誰でも

ゴミと呼ばれる貧しいホワイトも

おとり販売にだまされるな

レイシズムは本当だがそれは違う

反撃できないやつは誰でも潰される

だがオレらはそのすべてを変えなきゃならない

民衆はもううんざりしている

今は、彼ら対オレたちだ

このクソ状況は芯まで醜い

貧しい人たちのことになると

誰の命も大事にされない

ボディ・カウント（アイス-Tが率いるメタルバンド）「No Lives Matter」

　　16歳のときに自転車で家出しているまっ最中にサウス・ロサンゼルスを通ったことがある。ロス暴動／叛乱が起きる2年前の1990年の頃だ。サウスLAを巡回する警官の観点から描かれた1988年の映画『カラーズ　天使の消えた街』のなかで西海岸を代表するラッパー、アイス-Tのタイトルトラックが不穏に宣言する言葉が脳裏をよぎった。

オレは歩く悪夢、

しゃべるサイコパス

ジャングル大帝、ただ獲物を追うギャングスター

爆竹のように生きる、オレの導火線は短い

そして、少年の割れた腹筋みたいに死んだ色をオレは選ぶ

赤か青、カズかブラッズ、なんでもいい[1]

オレの散弾銃が弾丸を撒き散らすと、てめえらは生きるために死んじまう

オレらLAのギャングは絶対死なない、ただ繁殖する

　若者ギャングのこうした突発的で激しい暴力の光景はどこにも見あたらなかった。だが眼に見えるあからさまな暴力がどこにもあらわれない人影少ない静かな都市空間には、貧困と敗北が重層的に絡み合った虚無的な無力感が立ち込め、南カリフォルニアの容赦なく乾き切った太陽の熱によってその威力は増殖され、路上の礫からさえも蜃気楼のごとくあふれ出ている。当時、この貧困と敗北が何を意味し、何に由来するのかはまったく見当がつかなかった。ただ周囲を見回して確信できたのは、ここに住んでいれば、何かを達成したい、一角の人になりたいといった野心や希望の芽は、遅かれ早かれ、すべて潰されてしまうだろうということだった。誰でも何にでもなれる、最底辺にいるもっとも貧しい人でもトップにのし上がれるというアメリカン・ドリームの幻影は、ゲットーのさびれた風景のなかで粉々になった。

　わたしが目撃したサウス・ロサンゼルスの荒廃は決して歴史的に必然なものではなく、黒人労働者階級が労働組合化された高賃金雇用に就くことができた製造業やサービス業が衰退した1970年代にさかのぼる。アイス-Tという芸名を名乗る前のトレイシー・ローレン・マーロウがサウスLAの親戚のもとで暮

1　赤はギャング・グループ「ブラッズ」のシンボルカラー、青は互いに「カズ」と呼び合う「クリップス」のシンボルカラー。

らし始めるのもちょうどこの時期だ。小学生のときに母が心臓発作で亡くなり、13歳のときに父ソロモンもやはり心臓発作で死んだため、彼は東部からロスに移住することを余儀なくされた。ニュージャージー州のラスピアン・コンベヤー・ベルト社で機械工として働いたソロモンもまた、かつてサウスLAに栄えていた黒人ミドルクラス同様、人種主義的位階制が針金のように食い込むアメリカ的福祉資本主義のなかで労組に守られた熟練労働者になり、持ち家や自家用車などに象徴される「アメリカン・ドリーム」に手が届いていた。息子のトレイシーを引き取った叔母とその家族が住むビュー・パーク=ウィンザー・ヒルズは、黒人居住者を禁止する人種的制限約款が合衆国最高裁判所によって無効にされる1948年までは白人富裕層地区だったが、現在ではロサンゼルス郡のなかで黒人の住民の割合がもっとも多い上流中産階級地区である。つまり、階級的位置づけからすると、トレイシー・マーロウは孤児になったあとも、時代の趨勢とは逆流するかのように、ミドルクラス的地位を獲得した労働者階級からさらに上昇する生活環境に漂着していた。

　しかし、第二次世界大戦後から1970年代まで日系移民とアフリカ系住民が親しく共存していたクレンシャーに中学生時代に引っ越したトレイシーは、生徒の大多数が黒人であるクレンシャー高校に入学し、ミドルクラスから急に転落する勢いで非行に走る。彼の友人たちと異なってドラッグやタバコや酒こそ口にしなかったが、18歳から42歳までぽん引きとして生計を立てたアイスバーグ・スリムの自伝小説を熟読し、校内で抗争を繰り返していた若者ギャングスターとつるみ、大麻を売ったりカーステレオを盗んだりする軽犯罪に手を染め始めた。「アイス-T」というあだ名が付いたのも、アイスバーグ・スリムからの引用をすらすら暗唱するトレイシーが友人に「なあもっと聞かしておくれよ、そのアイスを、Tよ」とよくリクエストされたことに由来する。

　アイスバーグ・スリム（本名ロバート・ベック）は、他の草分け的なラッパーたちにも多大な影響を与えている。例えば、女性の蔑称「ビッチ」をラップのキーワードに最初に用いてピンプ的世界観を形成した1990年代初期の西海岸

ヒップホップの開拓者トゥー・ショートも、じっさいピンプを2年間やり、黒人ピンプやハスラーの隠語である「イズル語」をヒップホップに定着させたカリフォルニア州ロングビーチ出身のスヌープ・ドッグも、アイスバーグ・スリムの精神的末裔である。歴史家ロビン・ケリーはヒップホップの系譜におけるアイスバーグ・スリムの重要性を強調し、「1992年に亡くなる前にベックはギャングスター・ラップのインスピレーションそして黒幕になった」と述べている。同時に、みずからの体験をもとにベックが活写した冷血なピンプ像はワッツ暴動の「炎のなかで鍛造された」[2]。白人の妻ベティ・シューに勧められ、当時サウスLAで殺虫剤のセールスマンとして働いていたベックはピンプ時代の経験を脚色して執筆し始める。彼の筆力は周囲の同胞の若い黒人たちの叛乱と革命的精神に触発された。純粋な自己利益のために娼婦を「商品」として扱い、彼女たちの心理を巧みに操り必要に応じて暴力を振るい、縄張りを侵す者は「いかなる手段を用いてでも」冷酷に撃退するピンプは、資本主義の容赦ない市場原理の体現者に他ならない。白人の資本主義／帝国主義権力に果敢に立ち向かい、ゲットーを都市革命の根拠地に変革しようとする若者たちのいわば反面教師としてピンプ像を造形することで、ベックは罪滅ぼしをして運動に連帯を示した。エッセイ集『アイスバーグ・スリムの赤裸々な魂』(*The Naked Soul of Iceberg Slim*) がマルコムX、黒人革命家アンジェラ・デイヴィス、ブラック・パンサー党の創立者の一人ヒューイ・ニュートン、囚人活動家ジョージ・ジャクソンなどに捧げられているのはそのためであり、シカゴのマルコムX・カレッジの学生に向けた講演で「ブラック・パンサーは黒人の真正なチャンピオンそして英雄であり、全体として、わたしを含む旧世代の卑怯者と比べて断固として優れている」と彼が喝破したのもそのためだ。だが、黒人活動家たちの多くは、ピンプのアイデンティティに固執するベックを同志として信頼しなかった。高校

2　Robin D. G. Kelley, "The Fires that Forged Iceberg Slim," *The New Yorker*, August 19, 2015.（https://www.newyorker.com/books/page-turner/the-fires-that-forged-iceberg-slim)【最終アクセス2020.11.24】

生のトレイシー・マーロウがアイスバーグ・スリムのピンプ神話に酔いしれてい
た1970年代前半、アメリカ国家権力の弾圧、そして仲間割れを誘導するFBI
の撹乱作戦のせいでラディカルな黒人運動が壊滅の一途を辿ると、黒人のハ
スラーや犯罪者の生態をセンセーショナルに描く「ブラックスプロイテーション」
と呼ばれる低予算B級映画のジャンルが登場し、ピンプはイカしたアンチヒー
ローとして快楽優先の孤立した消費文化に美化され組み込まれていく。ベッ
クもそうした流行に迎合し、昨今の批判的政治発言をかなぐり捨て、狡知に
長けた強者が都会のジャングルを生き延びた存在として過去のピンプ時代を
振り返る語り口に移行する。カネと名声と浮気にうつつを抜かすベックにやが
て愛想をつかした妻ベティ・シューに子どもを連れ去られ、出版社ハロウェイ・
ハウスに大量に売れた著書の印税をだまし取られた晩年のベックは、糖尿病
を患い失意と貧困のなかで世を去った。

　　わたしがアイスバーグ・スリムの代表作である『ピンプ』や『トリッキー・ベイ
ビー』を初めて手にしたのは大学生だった1990年代半ばだ。テキサス大学
オースティン校の横を走る、地元では「ドラッグ」の名称で知られるグアダルー
ペ通りのタワーレコード店内にある、麻薬や刺青やアングラ関連の書籍コー
ナーで見つけた。アイス-Tの推薦文句に惹かれて立ち読みしたが、購入する
ほど引き込まれる内容ではなかった。大学でのわたしの関心はもっぱらマルキ
シズムやブラックパンサーをはじめとする政治的ラディカリズムの方に傾き、現
実を拒絶し異なった世界の可能性を求めることを高校時代に教えてくれた音
楽や文学の世界から遠ざかっていた。当時刊行されたアイス-Tの単著『アイ
スの意見――だから何だよ』(Ice Opinion: Who Gives a Fuck?)[3]を開くと、ゲッ
トーのどん底から這い出るには「ゲリラ資本主義」以外に道はないというコメン
トを目にしてますます距離感を抱いた。だが、1992年ロサンゼルス叛乱／暴
動に関する彼の意見は興味深かった。マスコミは暴動が引き起こした破壊を

3　日本語版は『オレの色は死だ――アイスTの語るLAジャングルの掟』フードゥー・フシミ訳（ブ
　　ルースインターアクションズ、1994）。

大々的に取り上げ、参加者が無法で無秩序な犯罪者であるかのように一方的に書き立てたが、アイス-T自身がいた現場では人びとがお祭り気分で路上を平穏に埋め尽くし、大きな喜びを共有していたと反論していた。イギリス人民衆史家E・P・トムスンの『共同慣習』（Customs in Common）に収録されている画期的な暴動論「イギリス群衆の道徳経済」（"The Moral Economy of the English Crowd"）を読んでいたわたしは、18世紀イギリスのパン暴動は複雑で多様な道徳／文化意識を持つ平民が行った都市蜂起だと把握していたので、大衆の力強い肯定的な連帯感がロス暴動の原動力だったというアイス-Tの指摘には首肯できた。

　じっさい、ロス暴動が起きた時期にまだN.W.Aやアイス-Tといった西海岸（ウェスト・コースト）のギャングスター・ラッパーたちのいわば草の根「都市社会学」的エスノグラフィーに日毎どっぷり浸ってテキサス州ダラスに住んでいた高校生のわたしと、バイト先の日本料理店の店長のあいだで、ニュースで持ちきりだった2300キロも離れたこの都会の蜂起をめぐる意見の食い違いがあった。統一協会の信者だった日系一世の彼は暴動で被害を受けたコリアン・アメリカンの自営業者におそらく共感し、暴動を批判的にとらえていた。それに対し、わたしは、それがロドニー・キングに暴行を加えた警官の無罪判決がきっかけで起こったことを強調し、暴動を警察の蛮行に対するスラムの住民の抗議として擁護した。

　たしかに暴動の最中に白人トラック運転手のレジナルド・デニーやラリー・ターヴィンはトラックから引きずり下ろされ暴行を受け、グアテマラ出身の移民労働者フィデル・ロペスも軽トラックを運転中に強盗に襲われ、暴動がロサンゼルスに及ぼした8億5000万ドルの損害の約半分はコリアンタウンに集中する韓国系企業だった。警察は白人の富裕層が住むビバリー・ヒルズやウェスト・ハリウッドを優先して守り、暴動の発火点であるサウスLAとハリウッドのあいだに位置するコリアタウンを放置し、富裕層地域への道路を意図的に封鎖した。警察が白人支配層の番犬であることや、有色人種間の分断と暴力で体

制に対する怒りを逸らす権力の露骨な本質を暴動は白日の下にさらした。蜂起や革命は単に「弱きを助け強きを挫く」現象ではなく、さまざまな矛盾を抱え、善悪の彼岸を超える過剰性としてしばしば出現し、旧約聖書の「妬む神である」（出エジプト記20章5節）ヤハウェの度を超えた非情な暴力を彷彿とさせることがある。それをおぞましいものとして顔を背けたり、崇高なる出来事として戦慄したりすることも可能だが、重要なのはそうした過剰性や不合理性も含めて暴動を総体的に理解しようと努めることだ。ロス暴動の年に録音され翌年の1993年にリリースされたアイス-Tのアルバム『Home Invasion』（侵入窃盗）のトラック「Race War」（人種戦争）の歌詞はまさにそうした理解を深める弁証法的力がみなぎっている。

人種戦争

路上で人びとが殺されている

お前の足には血、目的とつじつまが合わない

そしてそれは誰のせいにされる、オレか？

マスコミを試してみろ

警察署を試してみろ

テレビを試してみろ

自分のための富の追求を試してみろ

自分以外誰でも

だけど弾丸が飛び始めたら

人びとは死に始める

なぜならオレらはみんなウソをついているから

憎しみを教える歴史の教科書

ガキは逃げ場がない

人種主義的運命から

そしてもう少ししたら南アフリカは

静かでなくなり
殺しが始まるだろう

人種戦争
毎晩、オレは祈る
みんながこのクソ状況をまともにしてくれるということを
しかし、この国はやらない
アメリカはあのレイシストのクソをもとにして建国された
オレは悪魔をその行いによって裁く
それは彼の強欲の大きさとふつう関係している
そして希望を持ち続けろ
彼らはオレみたいなニガーを吊し上げにしたいだろうが
そしてこのクソやばいことが起っちまえば
多くの白人のガキはアフリカ人たちとつるむぜ
皮膚なんか関係ねえ
多くの黒人が共和党員の肩を持つように
これは起こらなくてもいいことだ
だからオレみたいなブラザーはラップし続ける
ただ互いを正しく扱えよ
そうしないと、喧嘩は必然だ
警察クソくらえ
彼らが平和と何の関係もねえことをオレらはすでに知っている
何が待ち構えているかわかるか
正義か人種戦争だ

貧困地域に住んでいるコリアンの人たち
彼らはちょっと誤解されちまったわけさ

東洋人も奴隷だった

愛国者たちに言いたい

イランからの人たちはオレたちに何もしてねえ

じゃあこの不信感はどこからくる？

システムはオレらがいがみ合うように仕向けている

オレらが税金を納めているあいだに

なぜなら黒人であることはマイノリティなんかじゃねえ

マジョリティだぜ

だからオレらが憎しみ合うようにされる

聞け、ブラザーたちを確認しろ

メキシコ人は黒人

ジャマイカ人は黒人

イラン人は黒人

ハワイ人は黒人

プエルトリコ人は黒人

エスキモーは黒人

南米人は黒人

東洋人は黒人

ああ、そうだぜ

白人じゃないのはみんな黒人だとKKKはいう

だから事実をちゃんと受け止めるべきだ

だって学校で教えられることは純粋な憎しみなのだから

ときどきわからなくことがある

誰かが人種戦争を求めているんじゃないかって

（団結しろ）

（目を開けろ　賢明になれ）

（脳みそを働かせろ）

誰が人種戦争を求めているんだ？

　歴史上、アメリカ労働者階級の分割統治においてとりわけ効果的な手段は、階級関係を人種的アイデンティティにすり替え、資本によって搾取されている共通の労働現場の現実を隠蔽することだった。これは経済的階級のカテゴリーの方が人種的カテゴリーよりもリアルであり、現実を覆い隠す後者のヴェールさえ剥ぎ取ることができれば問題の解決に近づくという意味ではない。そうではなくて、「人種」が「階級」としてイデオロギー的に機能し、両者がさまざまな形で絡み合い階級意識を重層的に構成しているということだ。したがって、アイス-Tが非白人間の分断の超克を促す言葉を連呼し「メキシコ人は黒人……東洋人は黒人」と列挙するなかの「黒人性」は、アメリカ社会において教科書や広告を含むプロパガンダを通じて抑圧されてきたプロレタリア概念の回帰として読み取れる。1980年代から90年代初期まで企業の規制緩和を行い、福祉を攻撃し大衆の格差を拡げていったレーガン、ブッシュと続く新保守派の共和党大統領と政権交代し、1993年に就任した民主党大統領ビル・クリントンは福祉にさらなる致命傷を与え、金融資本の支配をいっそう強め、犯罪を厳しく取り締まる（ジョー・バイデン現大統領が作成に関わった）1994年「暴力犯罪抑制および法執行法」を制定して若い褐色人種のプロレタリアートを大量に刑務所に送り込む「大量収監システム」を確立した。アメリカ保守の過激な反動化に歩調を合わせたリベラリズムもじっさいの政策では同じく大衆の生活基盤を壊しながら、「保守対リベラル」の対立をもっぱら人種やジェンダーをめぐるアイデンティティ・ポリティクスの文化的地平で繰り広げ、アメリカの失敗国家の現状を如実にあらわす市民社会の熾烈で暴力的な分裂に拍車をかけた。つまり、アイス-Tの警告とは裏腹に上からの「階級／人種戦争」はただただ激化してきた一方、わたしたち「黒人」／プロレタリアは自ら目覚めて知恵を絞り団結し、「正義」をもたらす階級闘争を展開するには至らなかった。

『Home Invasion』を購入してまもなく大学生になったわたしはその後アイス-Tのキャリアを追うことをやめた。ティーンエイジャーの時期にむさぼり吸収し心の拠り所にしたポピュラーミュージックや文学が養った批判認識のいわば「授業外教育」は、マルキシズムやアナキズムといったラディカリズムの政治的伝統に引き継がれた。『Home Invasion』のアルバムカバーには、自分の部屋の床に座ってヘッドホンを耳につけた白人少年がアイス-Tに聞き入り、想像力を刺激され意識の変容を遂げている劇画風の場面が描かれている。わたしも似たような複数の経路を通じてみずからの郊外ミドルクラス的疎外感のはけ口を見つけ、学校や権力や現実に反抗することの大義と必要性を学んだ。

　家出した際にサウスLAを通過してから約20年後、南カリフォルニアに戻ってきたわたしはときどき同じ地域を再訪することがあった。目的地はコンプトンにある「南カリフォルニア社会科／社会研究図書館」(Southern California Library for Social Studies and Research)だ。マッカーシズムに象徴される反共プロパガンダが政府機関やマスコミを通じて世論を毒していた1950年代に赤狩りにあうことを恐れた活動家、知識人、一般市民が破棄する左翼関連の文献や資料を収集した共産党員夫妻エミールとタシア・フリードが設立した人民図書館である。興味のある研究者仲間や友人が来るたびにわたしは彼らをそこに案内し、政治集会やイベントに参加したりした。数多い運動関連資料のなかには、非米活動委員会に召喚され左翼の元同志たちの名前を白状してハリウッドのブラックリストを逃れた作家バッド・シュールバーグが、1965年9月に開始した作家養成プログラム「ワッツ・ライターズ・ワークショップ」に関わるものがある。政府に協力することで保身をはかる港湾労働者を英雄視し、労働組合を暴力団さながらに扱う『波止場』(On the Waterfront)の脚本で1955年のアカデミー賞を受賞した脚本家シュールバーグはワッツ暴動にショックを受け、サウスLA地域の住民を対象にするワークショップを開いた。暴動は転向者の意識さえも変容させたのだ。アイスバーグ・スリムも支援したワークショップには野宿者をはじめとするさまざまな人たちが集まり、やがて政府が

が提供する全米芸術資金を獲得し、テレビドキュメンタリーの題材になったり、参加者の文集『灰から——ワッツの声』(*From the Ashes: Voices of Watts*) が1967年に出版されたりして成功を収める。しかし、FBI密告者ダートハード・ペリーによってワークショップの建物に火が放たれ全焼すると、ワークショップの継続に必要な助成金を提供される目処がつかなくなり、組織そのものが消滅した。ワークショップで出会ったリチャード・デドゥ、アンソニー・ハミルトン（後にエチオピア正教会の聖職者になりアムデ・ハミルトンに改名）、オーティス・オソロモンは伝説的な詩人グループであるワッツ・預言者を発足し、彼らが作成した1969年の『The Black Voices: On the Streets in Watts』(黒人の声——ワッツの路上で) と1971年の『Rappin' Black in a White World』(黒人であることを白人の世界でラップする) は、1968年、マルコムXの誕生日である5月19日にハーレムで結成された東海岸のザ・ラスト・ポエッツの初期の作品と並んで、ヒップホップの原点である記念碑的名盤になる。

　ワッツ・プロフェッツが点描するゲットーの風景には、ギャングスター・ラップ特有の「ゲリラ資本主義」的競争精神や悪党ぶるディスり文句は一切ない。都会の「地に呪われたる者たち」の呻きと囁きが日常生活の狭間からたんたんとあふれ出し、リスナーに実存的かつ道徳的選択を迫ってくる。ファンクとジャズの音楽を背景にコール・アンド・レスポンス風に展開し弾き出されるメタファーの連鎖は、ブラックパワーの余韻が濃く漂う世俗的な黒人教会の集会の生音源そのものだ。彼らが描く「ピンプ」はアイスバーグ・スリムと同じ「冷たい、冷たい、冷たい、冷たい／オレの血は血管のなかの氷水みたいだ／それを心臓のエンジンはオレの凍結した体を通じて突き動かし続ける／売春婦からカネを取って苦しみを感じない」が、自身が選んだやくざな生業に対する内省的認識をむき出しに吠える。「だがオレは真実を知っている／主人がいてもこれ以上にちっとも前進することはない／ただ自分をだましてオレのブラザーを売る／やはり不幸せだ／オレが黒人だからだ！　そしてオレは自由じゃない／自由、自由、自由が今欲しい！／オレに注意しろ／オレは黒人、爆発寸前の

時限爆弾／オレがどこからやってくるかわからないぞ／次回はキャデラックを買う代わりに、銃を買ってやる」。この二つのアルバムが披露している批判的世界観には、サウスLAの暴動と日常の生々しい痕跡が民衆による民衆のための共同的創造過程として刻み込まれている。それは反商業的でさえあるラディカルな黒人対抗文化の創出を意味し、暴動のエネルギーを転化する革命的実践行為だった。「それが起こる2週間ほど前から「何かが起こっているぞ。何かが起こっているぞ」と考え続けた。すると叛乱がやってきてそれはわたしが感じていたものとつながっていた」とオソロモンは述懐している。

アイス-Tは近年のインタビューで「あなたの最大の業績は何か」と訊かれ、「貧困地域を抜け出せたことだ」と答えている。ニュージャージー州に大邸宅を構え、水着モデルのニコール・「ココ」・オースティンと結婚し、カスタマイズされた高級車の収集が趣味である彼はまさに「アメリカン・ドリーム」を極めた大御所ラッパーだ。ワッツ・プロフェッツはそうしたごくわずかな強者しか達成できないやり方とは異なる、貧困地域から共同で抜け出す方法を真剣に模索した。だが、彼らが追及した革命的ヴィジョンを「ゲリラ共産主義」として実現する、下からの階級闘争の政治的「贖罪」（redemption）が到来することはついぞなかった。暴動を生み出し暴動が生んだ民衆の諸勢力は制圧され自壊し、その空白に滑り込んできたのが、ブラザーがブラザーを殺戮する若者ギャングであり、それを雄弁に劇化したギャングスター・ラップだった。路上は革命を夢見る解放区ではなくなり、自己利益の無情な応酬が繰り返される規制なき市場になってしまう。それがわたしたちにとって痛恨の敗北であり、そうした敗北の兆しのもとでわたしたちが生きていることは言をまたない。

だからこそ、ワッツ・プロフェッツはヒップホップの歴史的初源でありながらも、ヒップホップの現在をはるかに超えたリアルな路上の預言者であり続ける。彼らは絶望することもシニシズムに陥ることもわたしたちには許されていないことを思い出させ、永続的都市蜂起の福音を忍耐強く率直にラップする。

わたしたちは「至上の愛<ruby>（ラヴ・スプリーム）</ruby>」の福音を忘れていない

「至上の愛<ruby>（ラヴ・スプリーム）</ruby>」

「至上の愛<ruby>（ラヴ・スプリーム）</ruby>」

わたしたちは泣く

あまりにも静かに夢のなかで

決して叫び声を上げない、現実という日光を貫くことができるように

主よ、わたしたちの呻きを聞いて、生きさせてください

ワッツ・プロフェッツ「Nearer My God to Thee」（主よ御許に近づかん）

4 「情報戦争」時代における文化

星野源、A-THUG、Kamuiから考える

五井健太郎

GOI Kentaro

星野源‐安倍「コラボ」問題に見られる文化の窮状

　すべてがあっという間に消費されるこの社会のなかにあって、本書が出るころには古い話かもしれないが、緊急事態宣言下の2020年4月のことだ。当時首相だった安倍が歌手で俳優の星野源と「コラボ」して炎上したということで、わざわざ見るのもバカバカしく、静止画の状態でだけ見てみたら、歌う星野のとなりで、ソファーに座って紅茶かなんか飲みながら犬を撫でていたようだった。とっさに「虐待」という言葉が浮かび、せめて動画の制作を請けおった代理店がレンタルしてきた犬であってほしいなあとおもういっぽうで、あれが本人のなかでの君主のイメージなのだろうかとおもい笑った。

　だがたとえ冗談とはいえ、ギロチン台にあがる覚悟もないまま場当たり的にふるまうことしかできない道化を君主あつかいしたのでは、さすがに歴史上の君主たちに礼を欠くことになるだろう。じっさい安倍などどうだっていい。詩の言葉の多義性を隠れ蓑にしたその奥に、むせかえるような翼賛性を充満させている星野の挙動の不潔さについても、ひとまずはスルーしておこう。この件をきっかけとしてここで私が問題にしたいのは、目下新型コロナウイルスによる感染症が世界的に広がるなかであきらかになっている、文化の全般的な窮状というより本質的な問題だ。どういうことか。以下しばらく迂回して、ある哲学者の議論を参照する。

「情報戦争（インフォウォー）」とはなにか

　近年世界的な注目を集める香港出身の哲学者ユク・ホイは、先ごろオンライン雑誌 *e-flux* に掲載された論文「百年の危機」のなかで、次のように述べている。

　　コロナウイルスにたいする戦争は、なによりもまず情報戦争（インフォウォー）である。この

戦争における敵は目で見ることができない。その位置の特定は、諸個人が属している共同体やその移動についての情報を介してのみ可能になる。この戦争における実効性は、情報を収集・分析する能力に、いいかえれば、もっとも高い効果を生みだすために利用可能なリソースを動員する能力にかかっているのだ。したがって国家がオンライン上において厳密な検閲をおこなうなら、ちょうどソーシャル・メディアのなかで流通する「センシティヴ」なキーワードを抑制するのと同じように、ウイルスを抑制することも可能になる。「情報」という語が政治的な文脈で使われる場合、おうおうにしてそれはプロパガンダと同義であると見なされるが、しかしわれわれは、それがたんにマス・メディアやジャーナリズムにかかわる問題であり、さらにいえば言論の自由にかかわる問題なのだと見なすのを避けるべきだ。情報戦争は21世紀の戦争である。それは特定の形態を取った戦争ではなく、永続性とともにある戦争なのである[1]。

西洋文明が主導してきたこんにちのテクノロジーのあり方を「単一テクノロジー主義」と呼び一貫して批判してきたホイは、この論文でもやはり、技術／テクノロジーという観点からコロナウイルス騒動を分析しているのだが、引用したのはその結論に向かうあたりの箇所だ。前提になっているのは、AIなどの先端的なテクノロジーを用いた新たな統治の形態についての議論である。たとえば中国などですでに実装されているそうした統治のもとでひとは、自由な主体としてでなく、さまざまな情報の束として処理され、その情報の収集・分析にもとづいて、厳密に功利主義的なかたちで支配されることになる。そのなか

1　Yuk Hui, "One Hundred Years of Crisis," *e-flux*, #108 - April 2020.（https://www.e-flux.com/journal/108/326411/one-hundred-years-of-crisis/）【最終アクセス2020.7.28.】。邦訳は次を参照。「【特別掲載】百年の危機｜ユク・ホイ 訳＝伊勢康平」『ゲンロンα』2020. 6. 13.（https://genron-alpha.com/article20200613_01/）【最終アクセス2020. 12. 20】。なおこの翻訳は、本稿発表後に掲載されたものであるため、文脈に合わせ、引用した箇所は拙訳を用いている。

で個人情報はもはや守るべきものではなく、統治機構によって評価され、みずからの社会的な信用を勝ちとるために積極的に手放すべき資産のようなものになっていく[2]。

そうした状況をふまえホイはここで、目下各国がおこなっている感染症対策は、情報を主戦場とする点において、そうした来たるべき新たな統治のあり方と同期するものであり、それをさらに進展・深化させるものなのだと述べているわけだ。マクロン仏大統領は外出制限の呼びかけにさいし、「われわれは戦争状態にある」と述べたが、ホイによるならその「戦争」は、コロナウイルスの登場以前に、個人情報の収集・分析にもとづいてひとをコントロールする「情報戦争」として、すでに開始されていたことになる。引用後半でそれが「21世紀の戦争」であるといわれ、その「永続性」が強調されるとおりである。また別の箇所で彼は、より端的に「ウイルス［の発生と伝播］は現在の危機の引き金となった偶発事かもしれないが、しかしこの戦争それじたいは、なんら偶発的なものとはいえない」とも述べている（［　］と強調は引用者）。

ここでホイが「情報戦争」という言葉とともに見すえる、AIによる統治とコロナ対策のパラレルな進行は、その後進国といえる日本で暮らすかぎり、いまだ実感の薄いところではあるだろう。だが近いところで、たとえば韓国ではすでに、監視カメラなどの情報から割りだした感染者の移動履歴や個人情報が、本人の同意なしに不特定多数に発信され、場合によってはスマートフォンで随時万人にたいして通知されるといった事態が起きている[3]。徹底的に功利主義的な最大多数の最大利益＝コロナウイルスの拡散予防という大義の実現が目指されるこの「戦争」においては、個々人の権利などいともたやすく踏みにじられ

2　AIによる統治がすでに生みだしているディストピアについては、ホイが紹介する事例とも重複しつつさらに詳細な、次が必読。梶谷懐、高口康太『幸福な監視国家・中国』（NHK出版新書、2019）。

3　『東京新聞』「コロナ対策で浮かび上がる「監視社会」韓国　個人情報をここまでさらしてよいのか」（2020. 4. 1.）を参照のこと。（https://www.tokyo-np.co.jp/article/world/list/202004/CK2020040102100101.html）【最終アクセス2020. 7. 28.】

るものでしかないわけだ。

「情報戦争（インフォウォー）」下におけるSNSをつうじた統治

とはいえ、「情報戦争（インフォウォー）」という新たな統治の形態にとって、韓国の例に見られるようなあからさまな権利の侵害は、あくまで副次的なものにとどまる。ではその本質はどこにあるのか。ここであらためて、星野源−安倍「コラボ」問題に戻ろう。この件の核心にあるのは、星野の潜在的な翼賛性[4]でもなければ、安倍の愚かさでもない。それがあきらかにしているのは、日本における「情報戦争（インフォウォー）」による統治の実態である。まずは経緯を確認し、問題点を整理しておこう。

画像や動画の投稿に特化したSNSであるInstagramに緊急事態宣言直前にアップされた星野の動画「うちで踊ろう」は、なんの補償もないまま政府が呼びかける自粛をただただ無批判に追認しただけの曲であり、ひとときの気晴らしというより以上の内容をもたないものだが、だからこそ目下この社会で覇権を握っているリベラル民主主義者たちにアピールし、それがじしんの弾きがたりの伴奏を呼びかけるものだったこともあり、ひろく拡散されていく。SNS上で起きていたこうした一連の流れそれじたいが、補償なき自粛という争点から目を背けさせるものであったことは批判すべきだが、とはいえそれはまだ、問題の核心とはいえない。

「情報戦争（インフォウォー）」による統治があからさまなものになるのは、その後の展開のなかでのことである。動画の評判を受け安倍（の広報）は、星野の呼びかけに応えるというかたちで、冒頭に見たような構図の動画をみずからのTwitterとInstagramアカウントに投稿、しかし「国民が苦労してんのにふざけるな」、「貴

4　文脈は違うが、今回の騒動以前に書かれた星野にたいする的を射た批判としては、赤井浩太「日本思想級タイトルマッチ　平岡公威vs平岡正明」『文藝別冊 三島由紀夫』（河出書房新社、2020）収録を参照。

族のつもりか」などといった由の批判が殺到し、コメント欄は激しく炎上、その
まま多くのメディアが報道することになったわけだ。しかしここで見誤ってはい
けない。この件における真の問題は、馬鹿な首相や出来の悪い動画の存在そ
れじたいではない。そうではなくむしろ、とうぜん批判されるだろう動画を投稿
することによってこのとき、安倍／国民という分かりやすい批判のゲームが設定
されたことの方である。

　どういうことか、ここでもやはりユク・ホイの議論が役にたつはずだ。先の引
用で彼が指摘していたとおり、コロナ対策を大義として目下その勢いを増して
いる「情報戦争（インフォウォー）」下においては、従来の（あえていえば20世紀的な）情報の把握
は更新されなくてはならない。この場合でいえばつまり、安倍の動画を政府か
ら上意下達に発信された「プロパガンダ」のたぐいと見なし、それにそのまま応
答・批判していたのでは、統治の側の思う壺でしかないわけだ。目下の統治
において目指されているのは、敵／味方という分かりやすい構図のなかにひと
を捕獲し、SNSという潜在的な相互監視空間のなかで、批判者（や少ないだろ
うが賛成者）というレッテルとともに（反）主体化させることなのである。じぶんが
どこの誰でどんな思想の持ち主なのかをわざわざ自己申告してくれることほど、
統治権力にとって好都合なことはない。あとは集積した情報をもとに、（たとえば
おざなりな給付金など）適宜ガス抜き的な施策を与えてやればいいだけだからだ。
ネット上でのおびただしい批判の声は、そのままより効率のいい統治のための
「リソース」となるものでしかないのである。

離脱としての文化——A-THUGとKamui

　以上の例から分かるとおり、「情報戦争（インフォウォー）」下においては、SNSなどの情報
インフラ上での体制批判の声は、それがどれだけ高まろうと、結果として統治に
利するものとして機能することになる。ここでもうひとつだけ、理論的なものを
参照しておこう。先の論文のなかで、じしんの議論の先駆をなす存在のひとつ

としてホイが言及する、匿名の理論家集団ティクーンは、ネット文化が台頭しつつあった90年代後半の段階ですでに、こうした事態を見すえたかのような議論を展開している。

> 各文化は、その文化から逃れようとする者のための分かりやすい脱出口として**否定モデル**を用意している。この否定モデルによって、文化はあらゆる侵犯行為をかりたてるエネルギーを捕獲し、より高度な安定性をつくりだす。[…だからこそ…]〈やつら〉があなたに術語をもたらし、主体化し、措定するとき、反発してはならず、とりわけ否定してはならない。そうすることで〈やつら〉があなたから引き出すだろう反主体化は、**つねに最悪の脱出困難な牢獄である**[5]。　　　　　　　　　　（太字は原文、[　]は引用者）

　冒頭で述べた文化の窮状とは、多くの場合それが、ここでティクーンが述べる「否定モデル」として機能してしまっている現状にほかならない。先行きの見えないまま本来の活動が制限されている現在の状況のなかで、多くの文化関係者がいま、それを否定するにしろ肯定するにしろ（いいかえれば主体化するにしろ反主体化するにしろ）、統治の側に設定された土俵のうえに上がってしまっている。だがそれではいずれにしろ、みずからのもつ力を目減りさせていくことにしか繋がらないだろう。

　だが、だとすれば、いったいどうしたらいいのか。ここで万能の解決策となるような具体例を挙げることなどできないが、少なくともヒントならある。むしろ困難な状況であればこそ求められているのは、これまで以上に自律的な動きであるはずだ。引用した箇所につづけてティクーンは、次のように述べている。「反撃するとは応答することではけしてない。反撃とはあらたな力関係の設定である」（強調は引用者）。ここでいわれる「あらたな力関係の設定」がすぐに連想させ

5　『来たるべき蜂起』翻訳委員会＋ティクーン『反−装置論──新しいラッダイト的直観の到来』『来たるべき蜂起』翻訳委員会訳（以文社、2012）p. 126-128。

るのは、キリスト教神学を否定することなくそれを内側から破裂させるようにして、自律的な信仰の形態を生みだしたマイスター・エックハルトであり、彼が強調する「離脱」という発想だ[6]。では文化にとっての離脱、あるいは離脱としての文化とはいったいなんなのか。現状を考えるうえでのさらなるヒントとして、最後にこの点にふれてこの文章を終わりたい。

　いま現在、離脱としての文化の例を知ろうとおもうなら、見るべきはなによりもヒップホップだ。大麻にたいする信仰ともいえるような言動だけにとどまらず、そのリリックの端々に深い宗教性を感じさせる舐達麻（なめだるま）や、ハスリング・ラップをネクスト・レヴェルへと高めた作品のなかで、テクノロジーとのありうべき関係を示唆するREAL-T（リル・ティー）、あるいは、端的に文学者であるとともに、東京の地政学を更新するオーガナイザーでもあるJ. Columbus（ジェイ・コロンブス）など、日本だけ見ても挙げるべきアーティストは多いが、離脱という語とともに連想されるのは、他の誰をおいてもまずA-THUG（エーサグ）の存在である。

　世間がコロナ騒動に狂騒し、（比べるまでもないが）星野が「みんなで手をとろう」とかなんとか歌い、凡百のミュージシャンたちが「#stayhome」だ「#安倍やめろ」だというなかで、彼はなにをしていたか。あるいはなにをしているか。スケボーである。マスクなどせず夜の街頭に出て、たたただスラッピーやキックフリップをメイクする。しかもめちゃくちゃ上手い。けして軽やかではないが野生動物をおもわせる緊張感のある滑りだ[7]。断言できる。目下の状況のなかで、ひとはこれ以上にヒップホップ的であることはできないだろう。コロナ対策をきっかけに今後さらに激化するだろう「情報戦争」（インフォウォー）のなかにおける反戦的な身ぶりと

6　じっさいティクーンは幾度となくエックハルトに言及している。またティクーンに後続するグループである不可視委員会は、「離脱」という概念をさらに展開し、ひとつの特異な政治哲学としている。不可視委員会『われわれの友へ』HAPAX訳（夜光社、2016）を参照。

7　A-THUGのスケート観については次のインタビューを参照。「川崎サウスサイドの路上に生きるラッパー、A-THUG。ゴールドチェーン並みに輝くスケートボードカルチャーについて語る。」『VHS MAG』2019. 10. 21.(https://www.vhsmag.com/voice-of-freedom/a-thug-jp/)【最終アクセス2020. 7. 28.】

は、たとえばそのようなものである。

　そしてもうひとり、異なる角度からそうした反戦の身ぶりを共有する者として、若手のラッパーのなかから、Kamui（カムイ）の名前も挙げておく。曲調や世代から、多くの場合典型的な「否定モデル」の例といえるアーティストを量産しているようにも見えるトラップというサブ・ジャンルに分類されることもあるKamuiだが、そうした還元的な見方は誤っている。たしかにその歌詞だけを見るなら、いささかナイーヴすぎるかたちでみずからの実存を歌いあげているようにも見えるが、いっぽうで注意するべきは、エフェクターやタイトにループするトラックが、歌詞で描かれる彼の実存をたえず不安定化していることだ。他者から貼られるレッテルをたえず退けようとするKamuiは[8]、最終的にじぶんじしんからも出ていこうとしているかのようである。

　身体的なレヴェルで主体化からも反主体化からも身をかわそうとするKamuiの音楽を聴いていると、コンラッドの小説の次の一節が頭をよぎる。

　　そしてこのむかつくような黒んぼは、開口部に飛びつき、唇をつけ、助けを求めて呻いた！　かすれた声で、頭を板に押しつけ、途方もない力を出し、この横一インチ、縦三インチの穴から脱出しようとしていた。私たちはすっかり取り乱して、この信じがたい行動に全身凍りついてしまった。彼をここから追い出すことは不可能と見えた[9]。

　胡乱（うろん）きわまる「緊急事態」のもとで、粛々と「情報戦争（インフォウォー）」の準備がなされていくこの国のなかにあって、まったく先行きの見えない状況は、文化にとって絶望的なものだといえる。だがだからこそ、絶望にひたりきって動きを止めること

8　この点にかんしては次のインタビューを参照。Kamui「拠り所なき時代と、生を肯定する音楽」取材・構成＝二木信、彫真悟『文藝別冊 ケンドリック・ラマー』（河出書房新社、2020）p. 22-29。

9　ジョウゼフ・コンラッド『ナーシサス号の黒人』筑摩世界文学大系50、高見幸郎訳（筑摩書房、1975）p. 324-335。

も、安易な希望に手を伸ばすことも避けるべきだ。いまこそ文化に問われているのは、ここでコンラッドがいう「むかつくような黒んぼ」になれるかどうかである。

2021年2月の付記

　この文章を発表したあとに生じた出来事のうち、ここでの私の結論に共鳴するもののひとつとして、全米規模の広がりを見せた都市暴動の存在を挙げておきたい。ミネアポリスで警察署を焼きはらい、シアトルで自治区を生みだし、NYでも過去数十年で最大の蜂起を生みだしたこの潮流は、一般にはブラック・ライヴス・マター運動（Black Lives Matter）とともに知られているが、しかしけっしてそれに還元されるものではなかった。文化の問題とも深くかかわる今回の暴動のダイナミズムについて、日本語で知ることのできるものは少ないが、詳しくはたとえば、次の書籍（とくにその後半部「蜂起するアメリカ」）を参照。『BLACK LIVES MATTER──黒人たちの叛乱は何を問うのか』（河出書房新社、2020）。加えて、哲学者イドリス・ロビンソンが一連の動きを総括しておこなった、次の講演も参考になる。「イドリス・ロビンソン「それはどのように為されねばならないかもしれないか」高祖岩三郎訳」『HAPAX blog』2020. 11. 29.（http://hapaxxxx.blogspot.com/2020/11/blog-post_29.html）【最終アクセス2020. 2. 5.】。

　また、コロナ禍における文化（ないし闘争＝生）という点にかんしては、大阪・淡路のサイクルショップ、タラウマラ店主・土井氏による、次のジンが必読である。『DJ PATSATの日記』（タラウマラ、2020）。少し長くなるが、たとえば次のような箇所の力強さを見よ。

> 緊急事態宣言発令に伴い、「STAY HOME」という言葉や態度がある種の符号となり、旗印として機能した訳だけど、その「HOME」とは果たして家を指しているのだろうか？　否、私は決してそうではないと肯定的に独自解釈する。「HOME」とは各人が足裏で触れる地表であり、活動の拠点であり、生活圏の総称だと信じて疑わない。［…］「HOME」を広義の意味での「地」と捉えて、考えに考え続けた人々、彼らの行動が自粛要請下の世の中に繋げたものにこそ着目し、最大限の敬意を払いたい［…］。私たちは常に試されている。意味を度外視しても尚、生きるという生命活動の併走の証明として、足もとの砂塵から切っ先を突きつけられるのだ。

　以上に触発されつつ、あらためていうなら、目下における文化の問いは、次のサミュエル・ベケットの台詞によって定式化されるだろう。

根拠と言え。根拠など無い、だけど根拠と言え。（『いざ最悪の方へ』）

（ルビ：セイ・グラウンド　ノー・グラウンド　バット・セイ・グラウンド）

5　あなたは私に耳を貸すべきではない

高島鈴

TAKASHIMA Rin

先回り（1）

　私はヒップホップに強い興味を持っていて、同時に心底どうでもいい。私は
ヒップホップが大好きで、同時に大嫌いである。私はヒップホップについて語
りたくて、同時にもう何も言いたくない。私はヒップホップの村に入れてほしく
て、同時に絶対に立ち入りたくない。これらはいずれもレトリックではなく、本
心である。

　これは私とヒップホップがどのようにつながり、どのように断絶しているのかに
ついて書いた断片的な自叙文である。もしあなたがヒップホップとフェミニズム
に関する誠実な批評を求めているのであれば、おそらくあなたの求めるものはこ
こにはない。私はずるくて逃げ腰で、シーンに対して真摯なリスナーではない。
この文章は結論が出るたぐいのものにもなり得ない。

　だからあなたはこの文章を読まなくてもいいし、読んだあとで切り捨てる資格
もある。こんなの気持ち悪い、価値がない、自意識過剰すぎると言っていい。
そう言われる可能性があることを、私はよく知っている。

先回り（2）

　ここまでだらだらと能書きを垂れながら、私はまだ語ることに躊躇している。
私の文章は無価値だと言ってほしい。そうでなくてはおかしい。ヒップホップを
特集したこの本に、ヒップホップにコミットしていないフェミニストの女が書いた
支離滅裂な自分語りが掲載されるのはおかしいと言ってほしい。今までもそう
だったのだから、たまたま書籍に載った私の声だけ態度を変えて聞いてもらう
必要はどこにもない。

　この迂遠な前書きは、先回りされる前の先回りだ。そして水際で言葉を奪
われないための生存戦略である。その意味はこれから話すけれど、何度も言う
通り、聞かなくていい。

ホモソーシャル

　私はホモソーシャルについてよく知っていて、同時に何も知らない。私にとってのホモソーシャルは、常にその外部者として経験されるものであり、構成員としてではありえないからである。沖ノ島や土俵のほかにも、「女」である限り入れない場所がある。

　男子グループからの誹謗中傷へ抗議しに行った私を、グループ内のいじめられっ子に応対させ、その様子を笑いながら見ていた男子たち。「何話してるの?」と聞くと、にやにや笑って「いや、何でもない」としか言わなくなるサークルの男性集団。私の目の前で「女性がいるとやっぱ気い使いますよね」と言った男性。「そういうこと言うと女性差別だーって高島さんに怒られちゃいますよ」と言って笑い合っている男性たち。絶対許さない。いやいいよ別に。もういい。

　ホモソーシャルは自分たちの外部で生じていると判断しうるもの全てを、内輪のおもちゃに変えてしまう。やつらはお互いの順位とグルーミングにしか関心がない。メンバーが何にどう反応するのかが、すでに順位を決定するためのゲームとして機能している。外部者たる私は、このコンペティションにおいて、ゲームの題材になりこそすれ、プレイヤーには絶対になれない。お前がお前である限り俺らとは対等になれないと、いろいろな形で突きつけられ続ける。

　ホモソーシャルとの衝突と、衝突と同時に訪れる敗北は、社会から存在を否定されることと同義である。道も輪も最初から閉ざされていて、「女枠」は予め決まっている。最初からそうだ。全部先回りされている。男たちが考える自らの「外部」が「私」になる。お前が選ぶのはミニーマウス。お前が考えているのは俺らへの非難。お前が求めているのはテレビに映るような美しい男。お前が気に入るのは子どもを守るための優等生的な正しさ。私が口にした覚えのないことが、全部私のものとして想定されている。

　それでも私がホモソーシャルに抱いている気持ちは、いまだに愛憎だった。

ホモソーシャルゾンビ

> 仲間！　兄貴！　地元！　勃起
> バトル！　勝負！　男！　勃起
> 他に何万人も存在するゾンビー MC
> 後輩のつばとザーメンがお前の Henessy
>
> Moment Joon（モーメント・ジューン）「SIMON（jab）」

　列島社会における政治や文化の多くがそうであるように、ヒップホップは極めて男性中心主義的な磁場を有する。そしてヒップホップとは一種のコンペティションであり、ルールに対する異議申し立ての可能性を擁しながら、その磁場に上がったプレイヤーたちを競わせる。ホモソーシャル的な傾向が随所に見られる。

　冒頭に掲げたリリックは Moment Joon が SIMON JAP（サイモン・ジャップ）に対する dis として作った楽曲の一部であり、ヒップホップのホモソーシャリティを強烈に批判している。仲間、兄貴、地元、バトル、勝負、男、勃起。全部私は持っていない。そして私はそれらに憧れる気持ちを否定できない。私はこれらの要素を外部から批判しながら、同時にその輪の内側にいる「男」になる想像をしている。

　かつて私は自らを「ホモソーシャルゾンビ」であると規定したことがある[1]。それは私がホモソーシャルを見つめるときに生じるひとつの視点だ。

　私は集団が苦手である。これまでさまざまに失敗し続けてきたコミュニティに関する経験を苦々しく思い、同時にこの世のどこかに自分の安住の地がある

1　高島鈴「シスター、背中は任せた」『文藝』（河出書房新社）2019年冬季号、p. 276-278。

可能性の想像を我慢できずにいる。そのような状況において、これまでもこの先も絶対に入れないコミュニティとしてのホモソーシャルは、私にとっては加入が不可能であるからこそ欲望し続けることが可能な、想像上のユートピアになった。

　もちろん期待できるわけがないことは知っている。ホモソーシャルによってこうむってきた傷をよく覚えているし、かりに私が男性で、実際にホモソーシャルの一員に迎え入れられたとしても、私は絶対にそこに馴染むことはできないとわかっている。それでも「仲間」とか「地元」とか、あるいは「勃起」的な身体的実感を伴う血の滾（たぎ）りが、私にはどうしてもうらやましく見えたのだ。連帯を渇望するホモソーシャルゾンビは、マッチ売りの少女のように窓の外からホモソーシャルを覗いていた。

　しかし先に述べた通り、ホモソーシャルゾンビはあくまで「一視点」である。己の半身がホモソーシャルという「暖かい家」の内側を見るとき、もう半分の己は、「暖かい家」によって蹂躙されたものをめまぐるしく思い出している。

事例

　「めちゃキメセクしてるときのキス激しそう」「寝バック好きそう」「すげえムラムラする顔してる」「こういう顔の爆乳は最高」「一回だけ、一回だけヤりたい」「涙袋三時間舐めたい」「音源クソみて~~見~~に行ったけどなんも感じなかった、キメセク専門のAV女優になってください、無料で見ます」「ワンナイトでヤリたい」「まじでフェラして欲しい」「処女さ満点トーク」「エロいな」「射精した」「AV女優みたい」「イきそうな話し方するなコイツ」「ぶっさ」「すごい整形顔だな」「髪に射精したい」「めっちゃフェラ上手そう」「顔にかけたい」「やらせろ」「抜いた」「デブ」「キメセクやろ」「クソフェミニスト」「排卵日か？」「処女なんだ」「フェラのとき唾液多そうな顔してんな」「身体はエロだけど顔が……惜しいいいいい」「足の裏なめたい」「●●とエッチしたい人（グッドボタン）押してみろ」（1036い

いねがついている）「やべっ、抜いちったよ」「締まりよさそう」「3Pしてえ」「口を
手で隠してるからマンコにワンパーン」「なんでちょいちょいイキ顔すんの？」「カ
キタレにしたい女性ラッパー No. 1」「マンコ臭そー　ボコボコにしたい」。

　これらはすべて YouTube 上にある女性ラッパーの動画についたコメントであ
る。

　どうしてこうなるんだろう。全部目に入る。

構築された攻撃的な語り

　　最も醜悪にして愚劣なる総べての人類よ！　俺は限りなく汝等の存在を呪
　　ふ。そして永遠に叛逆する。復讐する。そして汝等の存在と共に汝等に
　　属する有ゆるものを限りなく滅し抹殺するのだ。此れが亦彼の残忍冷酷
　　なる自然の大法則に対する叛逆であり復讐であると同時に、彼の悪魔の
　　如き神に対する叛逆でもあり、復讐でもあるのだ。俺の存在は唯其の為
　　めのみの存在である。他に存在の意義はないのだ[2]。

　一方で私の中で生じているジェンダーに関する葛藤を、ヒップホップの磁場
の上に生じるホモソーシャルへの憧れと、それに対するフェミニズム的反発だ
けで説明することは、議論として不十分である。それはもうひとつ、叙述の形
式に関する問題があるからだ。

　私は強く攻撃的な語りがどうしようもなく好きだ。自分以外の全てを否定し
ながら自爆するような勢いの語りが好きだ。この趣向に合致する語りを見ると
いてもたってもいられなくて、自分も何かしなければならないような思いがする。
その語りが自分のものではないことに対して、嫉妬に似た耐えがたい興奮を覚

2　朴烈「俺の宣言」再審準備会編『金子文子・朴烈裁判記録──刑法第73条ならびに爆発
　物取締罰則違反　最高裁判所蔵』（黒色戦線社、1991）p. 76-77。

える。それらの情動は私の生に巨大なエネルギーを供給し、苦しみから立ち上がる契機を生成させた。

　これは危うい傾向なのだと思う。強い言葉は相手を支配し、何かへ駆り立てる。私はそれを拒み切れないまま、自らを強い情動の一部へ変転させてしまう。

　しかしラッパーが構築する攻撃的な語りが支配しようとするのは、個人差はあれど基本的には自らの人生であり、コンペティションの場である。そこには対面性の緊張感と、磁場に含まれた理論と実践がある。このような、一種の公共の上に成立しているからこそ、私はラップの攻撃的な語りをぎりぎりのバランスで受容できるのではないかと思う。

「私」は杭打ち機になりたい

　私は王様　女王様じゃやだ

ゆるふわギャング「psychedeligood」

　いわゆる「女言葉」は居心地が悪い。そして居心地の悪さに対するオルタナティブのなさが、本当に苦しくて悔しい。「私」たちに与えられた一人称は、「私」のほかにない。「私」は私が掴みとった自我ではなく、最初からひとつしかない「女枠」であり、一方通行の終着駅だった。かつて一人称が「俺」であった子も「僕」であった子も、成人式で再会するころにはみな「私」になってしまう。みんな次々、10代のときにはたたえていたはずの痛々しくて多様な光を喪失していった。これはシスターフッドの喪失に等しい。「私たち」には「変わらない」ことが許されていない。ファーストネームで作る卒業記念の印鑑はその証だ。

　「私たち」のどうしようもなく体制的な柔らかさを思う。「俺ら」は「僕たち」に

対峙できたかもしれないが、「私たち」は最初から「私たち」しかない。「私たち」という一人称に同一化するよう迫られた「私」は、どうにも「俺ら」という鋭い杭打ち機が羨ましい。私に現実的に手を差し伸べてくれたのはいつも「私たち」の輪であったが、それはあまりに大きな集団であり、その大きさに比して狭い檻だった。「私たち」の息苦しさに耐えかねていた「私」にとって、「俺ら」をまとった言葉が土地に突き刺さっていく風景は、光り輝いて見えたのである。

「私」がヒップホップを評価すること

　「女の歌って結局のところよくわからない」「みんな一緒に見える」という趣旨の男性歌人の不用意な発言に出くわすたびに、わたしは、その都度、ケースバイケース、さまざまな女性の歌について、意見を発してきた。そして、「あなたは《わからない》んじゃなくて、《わかろうとする気がない》のではないか」と指摘し、懇切丁寧に説明しようとも、最終的に彼らは、よく、こう言うのだ。いかにも面倒そうな表情を浮かべながら、「そう言われると、黙るしかないんだけどね」、と。そうやって、とりあえず、その息苦しい場面をやりすごし、なかったことにしようとする[3]。

　これは懺悔である。年間ベストアルバムを選ぶとき、いつも迷っていた。こんなランキングを出したとして、もしかしたらほかのリスナーや評者に「こいつ全然わかってないよ」と笑われるのではないかと身構えていたのである。実際にはそんなことは起きないし、起きたところで「このアルバムが好きだったので選びました」と言えばいいだけなのだが、私は顔も知らない誰かから評者の資格を疑われる可能性について、無視できずにいた。「トレンドには乗れています」

3　瀬戸夏子「死ね、オフィーリア、死ね（前）」『現実のクリストファー・ロビン　瀬戸夏子ノート2009─2017』（書肆子午線、2017）p. 324-325、傍点原文通り。

と主張するために、そこまで好きではないアルバムを選出するかかなり迷って、どうにかやめた。そういう馬鹿馬鹿しい葛藤を、ひとりで数日繰り返してきた。

悩みながら年間ベストアルバムを選出してのち2ヶ月後の2020年1月、「女は音楽ライター・評論家にはなれない」というブログ記事[4]が話題になった。音楽媒体の「年間ベスト」記事の評者とWikipediaの「日本の音楽評論家」一覧から、女性の占める割合を算出した内容である。いずれも著しく低かった。ピックアップされている限りでは10%以下の媒体がほとんどで、最大でも13%である。「男性目線のみで選ばれ記録されたJPOP史が、歴史として残る」。ブログの筆者はそう述べている。私の名前はこのブログ記事のなかで、注意喚起の赤で表示されていた。「女性音楽ライター」だったからだ。私は6%の女性のなかのひとりだった。

そのとき初めて、「私」は自分が音楽史の叙述者であったことを自覚した。そして私は自分が適応しようとしていた評価機構自体が持っていた偏りを、ようやく直視した。この偏りを知っている人から、私は沈黙のうちに「私たち」を委任されていたのであった。ヒップホップ村が同心円モデル的に広がっているとするなら、中枢ではないにせよ、私は音楽媒体上における発言権を持たない人よりはその中枢に近いのだ。

私には責任があった。それは男性／女性のアイデンティティ・ポリティクスに不毛なまま浸ることではなく、己以上に周縁化された人たちと、その人たちから見た自分の立場を考慮に入れたうえで音楽を評価する必要がある、ということだった。

私は私の持ち場で私の評価軸を示し続けねばならない。ラップの言葉を聴き、ルールに対する異議申し立てとして聴く余地がある作品をできるだけ高く評価する。私に何かを委ねなくてはならなかったたくさんの「私たち」について、見えないけれどもそこにいるのだと、「私」は知っている。

---

4 電子計算機舞踏音楽「女は音楽ライター・評論家になれない」(http://senotic.hatenablog.com/entry/womencritics)【最終アクセス2020. 4. 13.】

奪い取る夢

　「私」の個人的な夢は攻撃性を男性性から奪い取り、女性性とクィア性に接合させることだ。ゲラゲラ笑いながら〈男性性〉概念を多目的トイレの床に投げ飛ばし、冷たく汚れたタイルに頬を擦らせたい。折れるまで全身を蹴りたい。お前が妊娠しろって言いたい。ジェンダー全てを打ち壊すのはそのあとでいい。これは正しい夢ではない。ただの私怨である。そしてこの私怨の中で私がヒップホップに期待しているのは、語りによって攻撃性と女性性・クィア性を接合させ、男性性から攻撃性を強奪することであり、男根的に屹立する中央がそれらの語りでハックされる景色なのだ。そういう期待を一方的に抱いていること自体が身勝手であるかもしれないと思う。そうやって挙動不審になりながら、私は女やクィアの殺意を嗅ぎ分けて拾う。

　これは私怨。これは私の中にある葛藤。これは「個人的なこと」。そして全部、そうであってそうではない。あなたは私に耳を貸すべきではない。ずっとそうだったんだから、私の言葉だけに耳を貸すべき理由なんてひとつもない。

〈参考文献〉
赤井浩太「日本語ラップ feat. 平岡正明」『すばる』(集英社) 2019年2月号、p. 216-237。

Interlude

人種差別という巨大な牢獄で魂が危機にあるときも、それでもわたしたちは息をし続ける。人間が共に命を生きるために吹き込まれた、神の息吹である。息が詰まるような現実のただなかで、それはわたしたちを立ち上がらせ、臆することなく語らせる。奪われたものを取り戻すために、鼓動は踊りとなり、言葉は詩となり、命の祝福を告げる。

〈神の国〉はビートとともに路上に現臨する

1

ブラック・ライヴズ・マターとヒップホップの宗教性

山下壮起

yamashita Soki

　ブラック・ライヴズ・マター（BLM）とヒップホップの関係は、すでに明らかです。2015年には、BLMの抗議活動に参加した若者たちがケンドリック・ラマーの「Alright」（2015）を運動のアンセムとして、いたるところで歌いました。そして、ジョージ・フロイド殺害によって再燃したBLMでは、ポップ・スモークの「Dior」（2019）が爆音で鳴らされる光景が見られました。

　2019年に出版された『ヒップホップ・レザレクション——ラップ・ミュージックとキリスト教』（新教出版社）でわたしが論じたのは、ヒップホップの宗教性でした。違法薬物の売買で成り上がり、拳銃で敵対するやつらをぶち殺すなんてことを歌うギャングスタ・ラッパー、自らをならず者（thug）と呼ぶラッパーたちの多くが神や天国や祈りについてラップし、教会を批判しながらもイエス・キリストに言及しているのはなぜか。その背景にあるのは、黒人教会が社会問題に対して内向的になっていったという変化です。キング牧師という偉大なリーダーを失った一方で、公民権運動の成果によって黒人社会のなかでも中産階層が増加していきました。また、黒人の政治家や弁護士が増えたことで、教会は社会問題の前線から退いていきました。

　しかし、公民権運動によって人種差別や黒人社会を苦しめる問題が全て解決されたわけではありません。奴隷制解放以降、黒人人口の多くは田舎から都市部へ、そして、南部から北部へと移っていき、工業化した社会の重要な労働力となっていました。ところが、グローバル化によって工場が郊外や海外に移転すると、真っ先にクビを切られたのが黒人労働者たちでした。また、人口も都市の郊外に流出するようになり、黒人の多く住む地域でも中産階級化した人びとが出ていってしまいます。その結果、黒人貧困層は空洞化した都市部に孤立させられてしまいました。それらの地域はインナーシティと呼ばれるようになり、貧困ゆえに犯罪が多発するようになります。さらに、1980年代中ごろには、コカインをかさ増しして安価で売るために重曹などを混ぜたクラック・コカインが登場し、蔓延するようになりました。

〈神の国〉はビートとともに路上に現臨する｜山下壮起

そうした状況で問題になったのが、黒人の大量投獄と産獄複合体と呼ばれる新しい刑務所の形です。大量投獄を引き起こした要因は、1980年代以降に刑務所が急増したことにあります。それまで重犯罪件数は減少傾向にあったにもかかわらず、政治家が犯罪の厳罰化を主張しました。政治家が地元の有権者の不安を煽って刑務所を誘致すれば、関連企業が儲かるからです。それに呼応するようにメディアは犯罪に関する報道を増加させ、犯罪者としての黒人の若者のイメージを増幅させました。

司法でも、人種に不均衡な刑罰が科されています。たとえば、白人は単価が高いコカインを使用するのに対して、インナーシティの貧しい黒人は安価なクラック・コカインにしか手が出せないなかで、司法はクラック・コカインの使用により重い罪を科すといった状況です。その結果、黒人はアメリカ全人口の12%であるのに、刑務所人口では40%を超える事態を引き起こしています。

このように、刑務所をめぐって政治・企業・メディアが結びついた形態が産獄複合体と呼ばれるようになりました。この問題は、BLMを引き起こした警官による過剰な暴力にも直結するものです。また、アンジェラ・デイヴィスは『監獄ビジネス』（上杉忍訳、岩波書店、2008）において、産獄複合体は奴隷制以降も黒人を労役に縛りつけるための制度的画策のなかで生じたことを喝破しています。KRS-ワンが「Sound of da Police」(1993)で警官（officer）を現代の奴隷監視員（overseer）になぞらえるのは的を射ていたわけです。ただ、こうした現実が文字通り可視化されるようになったのは、スマートフォンとSNSの普及によるものです。それまで、メディアがこうした問題を報道することはほぼありませんでした。一方で、1988年にN.W.Aが発表した「Fuck Tha Police」（警察なんていらねえ！）に代表されるように、SNSの普及するずっと前から警察の不当な暴力を告発してきたのがヒップホップです。それから約30年経った2017年には、21サヴェージが、友達の弟が警官に殺される現実は「Nothin' New」（いまにはじまったことじゃない）とラップしています。

ラッパーたちが黒人の若者を取り巻く現実をありのままに伝え、それに

対する正直な思いを吐き出すようになると、黒人教会からは厳しい批判が起こりました。ギャングスタ・ラップは口汚い言葉（カース・ワード）を使いながら違法薬物の売買を奨励し、暴力を礼賛するものでしかなく、キング牧師たちが築き上げたものを台無しにするといった批判です。しかし、こうした教会の姿勢はインナーシティに生きる若者からすれば、自分たちを理解しようとせずに真っ向から否定するものでしかありません。教会は何もしてくれず、自分たちを批判するだけ。イエスを救い主として告白すれば救われるっていうけど、イエスなんてどこにいるんだ。学校に行っても先生は相手してくれないから勉強もできなくて、差別のせいで就職もできないなら、違法薬物を売買して生きていくしかない。でも、こんな選択肢しかない自分はどうなってしまうのか。地獄に堕ちてしまうのか。縄張り争いで死んでしまった兄弟や親友は、どうなるのか。イエスを信じれば、警察に殺された仲間は戻ってくるのか。差別的な構造のなかで誰も何もしてくれず、こんな生き方しかできないのは俺たちのせいなのか。同じ貧しい黒人に薬物を売るしかできないなんて。それで死んでしまったら地獄に堕ちてしまうなんて、神様、そんなの不公平じゃないか。このように、教会が語る言葉に救いを見出せなくなった若者たちは、救いを求める言葉をビートに乗せてラップしはじめました。ヒップホップの宗教性はそうして生まれ出たものなのです。

　では、ヒップホップの宗教性とBLMはどう関係するのでしょうか。BLMをはじめた３人の黒人女性のひとり、パトリース・カラーズは「BLMはスピリチュアルな運動である」と述べています。スピリチュアリティとは、神を信頼することから生きることへの希望を見出す力を意味します。一方で宗教社会学的には、組織化された宗教と対置される、広い意味での「宗教性」として理解されるものでもあります。今日の講座ではスピリチュアリティと宗教性を同じ意味として使うこともありますが、それらは、神との関係のなかで命を見つめる視点という意味で理解していただければと思います。このBLMのスピリチュアリティとヒップホップの宗教性がどう結びつくのかを、皆さんと一緒に考えてみたいのです。

〈神の国〉はビートとともに路上に現臨する｜山下壮起

相応しさの外部で

　BLMとヒップホップの宗教性には、土壌となるものがありました。今日この講座が、2020年12月1日の開催となったのも意味深く思えます。というのも、今日からちょうど65年前の1955年12月1日は、アフリカ系アメリカ人の闘いの歴史において重要な出来事が起きた日だからです。その日、アラバマ州モンゴメリーで仕事終わりにバスに乗っていたローザ・パークスという黒人女性が、白人に座席を譲らなかったために逮捕されました。当時、人種隔離政策が敷かれていたモンゴメリーでは、白人はバスの前方の席に、黒人は後方の席に座らなければならず、バスが混んできたら、黒人は白人に座席を譲らないといけないという法律があったからです。この出来事をきっかけにモンゴメリーでバス・ボイコット運動がはじまり、キング牧師が運動を指揮しました。

　この一連の出来事は、日本でもよく知られていると思います。ところが実は、モンゴメリーの黒人たちの間では、バス・ボイコット運動はもっと前から計画されていました。そして、ローザ・パークスが逮捕された9ヵ月前の1955年3月2日に、当時15歳だったクローデット・コルヴィンという少女が、パークスと同じように白人に座席を譲ることを拒否して逮捕される事件が起こりました。事件直前の2月はアメリカの黒人たちの間では黒人歴史月間（Negro History Month）とされ、コルヴィンは学校でハリエット・タブマンやソジャナー・トゥルースといった奴隷制と勇敢に闘った人物のことを学んだばかりでした[1]。そして、コルヴィン自身、黒人の全国的な組織である全米黒人地位向上協会（National Association for the Advancement of Colored People, NAACP）の青年部のメンバーとして活動していました。そうしたこともあって、白人に座席を譲れと車掌から命じられたとき、「わ

1　1926年、歴史家カーター・G・ウッドソンと黒人の生活・歴史研究協会（Association for the Study of Negro Life and History）は、毎年2月第2週を「ニグロ歴史週間」として祝うことを提唱した。黒人の歴史の重要性を学び、評価することで、人種差別をなくしアメリカにおける黒人の貢献を称えることがその目的である。1976年には、連邦政府によって黒人歴史月間として正式に認定されている。

たしはここから動かない！　これは憲法で保証された権利だ」と反論しました。コルヴィンはそのときのことを、タブマンやトゥルースたちが経験した苦しみを感じて立ち上がれなかったと回想しています[2]。

　コルヴィンが逮捕されたとき、モンゴメリーのリーダーたちはバス・ボイコットの実行を決めました。ところが、コルヴィンが若くして妊娠していたこと、そして、彼女が貧困層の多く住む地区出身であることがわかり、計画は白紙に戻されました。運動のリーダーたちは、若くして妊娠したクローデット・コルヴィンは運動の象徴として相応しくないと判断したのです。一方で、ローザ・パークスは、身なりを整えて真面目に働く女性でした。それゆえに、こんな立派な女性を逮捕するのはなぜかと、訴えることができる。運動の象徴としてうってつけだと判断されたわけです[3]。

　このことは、BLMと無関係ではありません。BLMはコルヴィンのように若者たちが声を上げる運動だから、というだけではありません。公民権運動では、ローザ・パークスのようにアメリカ社会に受け入れられるに相応しい黒人のイメージを前面に押し出す戦略がとられてきました。身なりを整えて、高い道徳的水準を兼ね備えた黒人というイメージ戦略です。しかしBLMでは、腰パンでゴリゴリにタトゥーの入った若者たちが、ヒップホップを爆音で鳴らしながら抗議デモを行っています。中年の男性牧師たちが中心となって、身なりを整えた黒人たちと賛美歌を歌いながら行進していたのとは全然違う。モンゴメリーのリーダーたちが運動の象徴とするには相応しくないとみなしたクローデット・コルヴィンのような若者たちが、いまBLMの中心にいるのです。

2　*Before Rosa Parks, There Was Claudette Colvin*（https://www.npr.org/2009/03/15/101719889/before-rosa-parks-there-was-claudette-colvin）【最終アクセス2020. 10. 24.】

3　また、コルヴィンはダーク・スキンとも称される褐色の濃い肌だったのに対して、パークスはライト・スキンと称されるような白人に近い肌の色をしていたことから、黒人社会におけるカラリズム（colorism）の問題が公民権運動にも影を落としていたことが指摘されている。

　黒人の若者たちは、これまでもずっと声を上げてきました。公民権運動の時代には学生非暴力調整委員会（Student Nonviolent Coordinating Committee, SNCC）からブラック・パワー運動が生まれ、1966年にカリフォルニアで誕生したブラック・パンサー党（Black Panther Party for Self-Defence）は急速にアメリカ各地の若者たちの間に広まり、大きなうねりを生み出しました。これらの運動は、BLMに関連づけて日本でも紹介されることがありますが、この文脈のなかでわたしが出会った二人の人物を紹介したいと思います。

　わたしは、2001年1月から、アメリカのジョージア州アトランタにあるモアハウス・カレッジに留学しました。1867年に奴隷制から解放された黒人男子のために設立された大学で、学生の99%が黒人という学校です。キング牧師や映画監督のスパイク・リー、俳優のサミュエル・L・ジャクソンが卒業しています。

　2002年の3月のある日、世界文学の授業の教室に行くと先生はまだ来ておらず、白髪まじりのドレッドロックを生やした60代くらいの男性が、授業前の学生相手に熱弁を振るっていました。彼は学生相手に「君たちはアメリカ人じゃない。アフリカ人だ！」と情熱的に語り、始業ベルが鳴ると去っていきました。不思議なおじさんだなと思っていたのですが、それから半年後の9月のある日の夜、図書館で勉強を終えて帰ってくると、当時住んでいた学生寮の前で友人たちがそのおじさんと話しているところに出くわしました。

　彼は、公民権運動のことから現在の黒人社会の問題、アフリカとどう関わっていくのか、そんな話をしていました。そして、時間がきたから帰ると言ってわたしたちの名前を聞いたあと、自己紹介をしてくれたのですが、わたしは耳を疑いました。彼はムカサ・ダダ（Mukasa Dada）と名乗ったあと、昔はウィリー・リックス（Willie Ricks）という名前だったと言ったからです。ウィリー・リックスは、SNCCで重要な役割を担い、「ブラック・パワー」

という言葉を造った人です。この言葉は、SNCCの代表だったストークリー・カーマイケルの言葉として紹介されますが、実際にはウィリー・リックス改めムカサ・ダダが生み出した言葉です。わたしは中学生のころに、キング牧師の影響を受けて牧師になった父親からウィリー・リックスのことを聞いていました。ですから、公民権運動の歴史に名を残した人が目の前にいると気づいたときには、興奮を抑えることができませんでした[4]。ムカサは、わたしたちだけではなく、黒人大学の学生街で若者たちに何十年にもわたって声をかけ、草の根レベルでブラック・パワーを伝え続けてきたのです。

　今年7月17日にジョン・ルイスという公民権運動のリーダーが亡くなりました。ルイスは元々バプテスト派の牧師でした。牧師になるため学んでいた学生時代に運動に参加し、SNCCのリーダーとしてキング牧師とも一緒に行動します。その後、最終的には下院議員となりました。同様に公民権運動のリーダーの多くは、1964年に公民権法が制定されたあと、政治や社会事業といった表舞台で活躍するようになっていきました。

　同じSNCCのメンバーだったのに下院議員にまでなったジョン・ルイスと比べるなら、ムカサ・ダダは公民権運動の潮流に乗り切れずに社会的地位を得ることなく落ちぶれてしまい、いまだにブラック・パワーと叫んでいる時代錯誤のお爺さんとみなされてしまうかもしれません。でも、このムカサ・ダダの姿から、公民権運動といまのBLMの違いが見えてくると思います。キング牧師やジョン・ルイスは大学院・神学校を出た牧師であり、黒人社会ではエリートです。一方で、ムカサ・ダダは高等教育をいっさい受けておらず、もとは小学校を落第した不良少年でしたが、だからこそ彼は差別や貧困のなかで苦しむ人びとの声を代弁することができたのだと思います。地元で学生たちによる座り込み運動がはじまったときも、彼は差別に苦しむ貧しい小作農家や若者たちに「ブラック・パワーが必要なんだ」と炎に満

〈神の国〉はビートとともに路上に現臨する｜山下壮起

4　筆者はそれ以来、ムカサとは何度も出会う機会があって顔を覚えてもらった。そして、「ホー・チミンはマーカス・ガーヴィーの「アフリカはアフリカ人のために」という考えから影響を受けたんだぞ。モアハウスでアジア系の若者が学んでるなんて、君はさしずめ、ヤング・ホー・チミンだな」と言われ、以来会うたびに「ヤング・ホー・チミン」と呼ばれるようになった。

ちた語り口で呼びかけて、多くの人びとを抗議デモに招きました。

　ムカサがジョン・ルイスらのような道を辿ることがなかったのは、公民権運動の戦略の何が問題なのかを見抜いていたからだと思います。公民権運動を奴隷制時代以来の黒人の市民権獲得のための運動として見るならば、その中心戦略のひとつはリスペクタビリティ・ポリティクスです。それは、身なりを整えて上品な言葉遣いをすることで、黒人は「立派な市民」であり市民として平等に扱われるに「相応しい」ことを示す政治的な手法です。黒人は「怠け者」「社会秩序を乱す反抗者」「性的にふしだら」である。そうした偏見をなくして社会に受け入れてもらうために、勤勉であること、身なりを整えることが奨励されるようになったわけです。そして、このリスペクタビリティ戦略の中心のひとつとなってきたのが、黒人教会でした。教会に連なる人びとは神の民として高い道徳性を備えているという考え方です。

　しかし、この戦略は黒人への抑圧を解決するものとはなりませんでした。リスペクタビリティ戦略は黒人に一定の振る舞いを求めるものである以上、それができない人は黒人社会の足を引っ張るとみなされます。ヒップホップの汚い言葉づかいや腰パン・タトゥーといったファッションは、言うまでもありません。リスペクタビリティ戦略は、白人が根本から変わることや、白人に黒人の黒人性を受け入れさせることを最初から考慮していないのです。逆にムカサは、「君たちはアフリカ人だ！」と言い続けてきました。ひとりの人間として受け入れられるために、自分を拒絶して支配的な価値観に合わせる必要はないということです。ムカサは、アメリカにいるアフリカンとしてアメリカを告発し続けました。BLM は、この告発の伝統を継承して変革を訴えるものなのです。

THUG LIFE思想との出会い

　いまBLMと関連してブラック・パンサー党について言及されることがありますが、ヒップホップのスピリチュアリティのルーツはブラック・パンサー党にもあるように思います。そのことを教えてくれたのが、トーマス・マクリア

リー（Thomas McCreary）、通称ブラッド（Blood）です。彼は、モアハウス大学の一学年上にいたウィルという友人の叔父で、ブラック・パンサー党のニューヨーク支部を立ち上げたひとりでした。そして、未だに投獄されているブラック・パンサー党のメンバーの釈放を求めて運動を続けてきた人です[5]。彼と出会ったのは、社会問題に関心のある仲間で集まり、ブラック・パンサー党の歴史を追いかけた*All Power To The People*（1996）というドキュメンタリーを観て、ブラッドから話を聞くという場にウィルが呼んでくれたからでした。

　ブラック・パンサー党もまた、リスペクタビリティ戦略から距離を置いて闘い、集会ではfuckやshitといった汚い言葉を使っていました。これは、若気の至りということでは決してありません。どれだけ白人にとって耳障りのいい言葉を語っても、何も変わらない。マルコムXが「白人に甘言を弄する（sweet talk）のはもうやめろ」と警告したことに通じます。

　ブラッドもまたmotherfuckerやshitといった言葉を使いながら、スムースな語り口でわたしたちに色んなことを話してくれました[6]。とりわけ終盤、ブラッドが2パック（トゥー）の話をしてくれたことをいまでもはっきりと覚えています。2パックのファンは、なぜこの話になるのかお気づきでしょう。2パックの母アフェニ・シャクールも、ブラック・パンサー党のニューヨーク支部のメンバーだったからです。

　2パックは一時期アトランタのストーン・マウンテンに家を買って住んでい

5　ブラック・パンサー党がFBIの破壊工作によって勢力を削がれたあと、ブラッドら元党員によって黒人解放軍（Black Liberation Army, BLA）が組織された。そのメンバーのなかには、2パックの義理の父となったムトゥル・シャクールや、現在キューバに亡命しているアサッタ・シャクールなどがいる。ブラッドは、現在収監されているBLAのメンバーの釈放を求めて運動を続けている。

6　このとき、筆者が日本からの留学生であることを伝えると、ブラッドはユリ・コウチヤマ（Yuri Kochiyama）さんに電話をかけてつないでくれた。彼女は日系人の市民活動家であり、マルコムXのアフロ・アメリカン統一機構にも参加し、マルコムが銃弾に倒れたときにはすぐそばで介抱したことでも知られている。また、ブラッドはその電話のあとで、彼女がプエルトリコ移民の活動家たちと自由の女神像を一時的に占拠した話を教えてくれたが、聞いていて痛快であった。

〈神の国〉はビートとともに路上に現臨する｜山下壮起

たことがあり、同じくアトランタに住んでいたブラッドも、アフェニ・シャクールを通じた深い交友関係にあったそうです。ブラッドは話のなかで、2パックが繰り返し語っていたTHUG LIFEの意味を教えてくれました。2パックはお腹にその文字のタトゥーを入れていますが、THUG LIFEとはThe Hate U Give Little Infant Fucks Everybodyの頭文字をとったものです。日本語に訳すと「幼子に植えつけられた憎しみが社会に牙をむく」となり、ここに2パックの思想があります。黒人の若者が日常的に差別や暴力にさらされる社会構造の現実を示し、愛によってコミュニティを再生することの重要性を訴える。ブラッドは、そうしたTHUG LIFEの思想がいかに政治的に重要なのかを語ってくれました。

THUG LIFEは、BLMとも大いに関係するものです。前半のThe Hate U Giveという言葉は、BLMをアメリカ全土に広めるきっかけとなったトレイヴォン・マーティンとマイケル・ブラウンの殺害を下敷きにした若者向けの小説のタイトルになりました[7]。瞬く間に大ベストセラーとなったこの小説では、2パックのTHUG LIFEの思想が繰り返し語られ、主人公の父が子どもたちにブラック・パンサー党の要求や活動方針を示した「10項目の要求」(Ten Point Program)を暗記させているのです。

2パックは、THUG LIFEの思想はストリートでの経験とブラック・パンサー党から生まれたと語っています[8]。そして、別のインタビューでは「THUG LIFEは新しいブラック・パワーの思想だ」とも答えています[9]。つまり、ブラック・パンサー党に連なり、リスペクタビリティ戦略とは真逆の戦略で人種差別の構造と闘おうとした人びとを土壌として、THUG LIFEの思想は生まれたのです。この思想は、暴動や略奪として矮小化される黒人の反乱が、その先に見ている世界のビジョンでもあるでしょう。2パックが黒人イエス

---

7 アンジー・トーマス『ザ・ヘイト・ユー・ギヴ──あなたがくれた憎しみ』服部理佳訳(岩崎書店、2018)。

8 *Tupac Shakur on Life and Death | Blank on Blank* (https://www.youtube.com/watch?v=6x2FqX2YZws)【最終アクセス2020. 10. 24.】

9 *TUPAC SHAKUR: T.H.U.G.L.I.F.E.* (https://www.youtube.com/watch?v=128ao5XI_VY)【最終アクセス2020. 10. 24.】

（Black Jesus）に言及するのは、貧しい未婚の母から生まれた私生児として この世の憎しみを身に受けたイエスをサグとみなしたからだと考えることができます。そして、イエスが「神の国はもうすぐそこに来ている」と語ったことを、やはりこの世から憎しみを受けているストリートのならず者への福音として読み替えたのです。THUG LIFE思想はいわば現代の福音として、BLMにもこだましているのではないでしょうか。

預言としてのBLM

BLMで声を上げる若者たちは、数十年前に声を上げたムカサやブラッドと同じであるようにわたしには見えます。男性牧師という黒人社会の権威から発せられる声ではなく、少女、不良少年、無職の若者が誰にも見向きもされない社会の片隅のギリギリの状況下で上げた声。それは、聖書で言うところの預言の力を秘めたものです。預言とは、未来予知ではなく、言葉を預かることを意味します。旧約聖書の預言者が預かったのは、神の裁きの言葉でした。抑圧される現実のなかで支配の構造をあぶり出して告発する若者たちの姿は、貧しい者が虐げられる状況への神の怒りを伝える預言者と全く同じです。

聖書では、羊飼いや農民や庶民といったように、差別されていた労働者や、権力の横暴によって疲弊した者が預言者として用いられています。これらの預言者は、権力者に都合のいいことばかりを語る者を偽預言者として厳しく批判します。国家の暴力によって人びとが苦しむ現実のなかで、神に立ち返れと権力を批判したのが預言者です。ムカサもブラッドも、預言者としての役割を放棄した教会に代わって、黒人が抑圧される社会の構造を告発した現代の預言者だといえます。

そして、聖書において預言者の伝統が継承されたように、黒人の預言の伝統をこの時代に継承したのがラッパーたちです。N.W.Aの"Fuck Tha Police"のフレーズは、BLMにおいて預言の輝きをもって受け止められています。若者たちが"Fuck Tha Police"と叫ぶことは、警察への悪態として単

純に片づけられるべきものではありません。インナーシティに生きる黒人の若者を食い物にする構造を、ヒップホップ的感性によって告発する預言です。

　ヒップホップ的感性が生み出してきた預言は、BLMのデモ行進でのシュプレヒコールにも見られます。2014年にマイケル・ブラウンが白人警官に殺害されたとき、若者たちは "Turn up! Don't Turn Down! We do this for Mike Brown!"（音を上げろ！　決して音を下げるな！　これはマイケル・ブラウンのためだ！）というコールを繰り返していました。このかけ声は単に、2010年代に多くのラッパーたちが使った "Turn up"（盛り上がれ）という言葉に由来するものではないはずです。BLMのデモでは "I can't breathe!"（息ができない！）や "Hands up! Don't shoot!"（両手を上げている——武器は持っていない——だから撃つな！）といった、黒人が殺されたときに放った言葉がシュプレヒコールになっています。そして、"Turn up! Don't Turn Down!" も、黒人の若者が白人から殺されるきっかけとなった言葉をもとにしたものです。

　BLM誕生のきっかけとなったトレイヴォン・マーティン殺害から9ヵ月後の2012年11月23日、フロリダ州ジャクソンヴィルで、トレイヴォンと同い年の17歳の高校生だったジョーダン・デイヴィスが白人男性に殺害される事件が起きました。友人たちとガソリンスタンドに行き、運転していた友人がガムを買いに店内に入っていったとき、デイヴィスは車内に残っていた友人たちと音楽を聴いていました。すると、その近くで車を停めていた中年の白人男性がやって来て音量を下げるように言ってきました。デイヴィスの友だちが音を下げようとしたところ、デイヴィスはそれを制止して「こんなヤツほっとけよ。もっと音を上げてくれ」（Turn that shit up!）と言いました。しかし、これがデイヴィスの最後の言葉になってしまいました。激昂した白人男性が車内にあった銃をとってきて、デイヴィスに向かって何発も銃弾を撃ち込み、殺害してしまったからです。

　リスペクタビリティ戦略に立つならば「デイヴィスはこの白人の言うとおりに音量を下げていれば殺されずに済んだのに」とされてしまいますし、単な

る個人間のやり取りだけで見るなら、言い争いのもつれとして処理されて
しまいます。しかし、構造的な人種差別の枠組みから見るなら、白人が黒
人を抑えつけようとするなかで起きた出来事です。「こんなヤツほっとけよ。
もっと音を上げてくれ」というデイヴィスの言葉は、黒人を抑圧する力の拒
絶であり、白人至上主義に屈しないという姿勢の表明となるでしょう。マ
イケル・ブラウンが殺害されたファーガソンをはじめ、BLMの抗議運動で
"Turn up! Don't turn down!" との叫びが上げられるのはそれゆえです。

　こうした預言的な叫びを生み出すのは、「徹底した正直」というヒップホッ
プ的感性です。それは、聖書の言葉を借りれば「大胆に語ること」でもあり
ます。イエスの弟子たちは、迫害を受けるかもしれない状況のなかで、イ
エスが伝えた福音を大胆に語りました。ヒップホップはインナーシティの出
来事を、ドラッグの売買や暴力など社会的には悪だとされる自分の行為を、
そこで感じていることを正直にラップします。そうした複雑な苦難や葛藤を
明らかにする営みを通じて、救いのありかを見出してきたのです。救いは
どこにあるのか。インナーシティを生きる自分たちのただなかに共にある、
と。

　パトリース・カラーズは、BLMのスピリチュアリティはデモにおいて白人
に殺された一人ひとりの名前を呼ぶ行為に示されていると語っています。
BLMのデモでは、"What's her name? What's his name?"（彼女の名は？
彼の名は？）との呼びかけに対して、参加者たちが「ブリオナ・テイラー！
ジョージ・フロイド！」と人種差別の暴力による犠牲者の名前を叫びます。
この行為についてカラーズは「これはまさに殺された人たちの霊を復活させ
て、その霊の力がデモの参加者たちを通じてなすべきことを実現しようとし
ているようなもの」であると言い、また、殺された人びとを覚え続ける営み
はBLMを広げていく過程において重要な一部だと語っています[10]。

---

10 *Patrisse Cullors @osopepatrisse with Melina Abdullah @docmellymel. June 13, 2020.*
（https://www.facebook.com/FowlerMuseum/videos/291479432259187/）
Black Lives Matter is 'a spiritual movement,' says co-founder Patrisse Cullors
（https://religionnews.com/2020/06/15/why-black-lives-matter-is-a-spiritual-
movement-says-blm-co-founder-patrisse-cullors/）【ともに最終アクセス2020. 10. 24】

名前を呼ぶこと。死者を、国家的暴力によって殺された者を覚え続けること。イエス・キリストが示した救いと深く結びつくこの営みこそ、ヒップホップの宗教性の根幹をなすものです[11]。キリスト教の重要な儀式・典礼のひとつに聖餐式があります。聖餐式は、イエス・キリストが逮捕されて十字架に架けられる前に弟子たちと共にした、最後の晩餐を起源とするものです。最後の晩餐で、イエスはパンの塊を裂いて「これはわたしの体である」と言い、またぶどう酒の入った杯をとって「これはわたしの血である」と言って、それらを口にするよう弟子たちに促しました。これを「わたしの記念として行いなさい」と。

　この出来事を起源として制定された聖餐式には、大きく二つの意味があります。ひとつは「記念すること」「想起すること」で、キリスト教ではアナムネーシスと呼ばれる考え方です。この最後の晩餐のあとにイエスは十字架で殺されたけれども、神によってイエスを信じる者たちの間に復活した。その死と復活を、想い起こし続けるということです。そして、もうひとつ、出身や社会階層の異なる弟子たちがパンとぶどう酒を分かち合うことは、神によって全てが解放された新しい世界が芽生えつつあることを象徴します。イエスが〈神の国〉と呼んだ、解放的な人間関係や社会の在り方を願い、先取りする行為として聖餐式は行われます。キリスト教ではこうして、芽生えつつある〈神の国〉に復活したイエスを見出すのです。

　一方、ならず者の人生をラップするギャングスタ・ラッパーたちは、死んでしまった仲間の名前を曲のなかで呼び、その存在を想い起こします。たとえばコンウェイ・ザ・マシーンの「Seen Everything But Jesus」(2020) の冒頭では、何人もの死んだ仲間の名前を呼んで「お前たちのことを忘れてないって伝えるために、最初に名前を呼んだんだぜ」とラップしています。ヒップホップにおいてこうしたリリックが多く見られるのは、黒人の若者にとって「死」が身近であることを意味します。黒人男性の若者の死因の一位は殺人です。つまり、多くの者が若くして家族や友人の死を経験し、死の

11　これは、ヒップホップはキリスト教を基盤にしているということではなく、イエスが人間に見出した宗教性・スピリチュアリティがヒップホップにも現れているということを意味する。

危険と隣り合わせであるというインナーシティの現実がこうした数字となって表れています。だからこそ、ラッパーたちは死んだ仲間の名前を呼んで"R.I.P. ／ Rest in peace"とラップするのですが、それは追悼の域にとどまりません。ラッパーたちは、死んだ仲間が復活していま生きている者と共に在るという確信をもラップします。ストリートの現実のただなかに死んだ仲間の姿を見出す、ここにヒップホップのアナムネーシスがあります。

現臨する〈神の国〉

こうしてみると、白人に殺された黒人の名前を呼ぶというBLMのデモの行為がどれほど宗教性を帯びたものであるかがわかるかと思います。そうしたアナムネーシスは、聖書が示す復活、つまりイエスが十字架で殺されたことの現代的意味をも示すものです。

6年前、ミズーリ州ファーガソンでマイケル・ブラウンという黒人の若者が白人警官に殺されたその日から抗議デモがはじまりましたが、当初からデモに参加していたオサジェフォ・ウフル・セイクウという牧師がいます。彼は説教「ファーガソンの前線より」で、十字架という国家的暴力によって殺されたイエスと、アメリカの構造的差別の犠牲者を重ねて語っています。セイクウ牧師は、国家的暴力によって無数の黒人が殺される状況をアメリカの「受難」(Good Friday)と呼びます。受難とは、イエスが十字架に架けられて苦しみの内に死んでいった出来事ですが、セイクウ牧師はこの出来事をとおしてこそ復活があるのだと語り、復活を信じる信仰が問われているのだと聴衆を奮い立たせます。

聖書で復活と訳されるギリシャ語のアナスタシスは、再び立ち上がることを意味します。つまり復活とは、国家的暴力によって殺されたイエスを想い起こし、いまここで生きる自分たちと共にいると信じた弟子たちが再び立ち上がっていったということです。命の危機のなかにあっても、イエスが最後の晩餐で示した世界、解放された〈神の国〉の実現を信じて、立ち上がり再び歩みはじめた。これが、復活の示す出来事です。そしていま、同じ

ように、路上で殺された無数の黒人を想い起こし続けてきたBLMにおいて、〈神の国〉が立ち現れようとしている。セイクウ牧師のメッセージはそのことを伝えるものです。

　この〈神の国〉はBLMの結果となる未来の出来事ではなく、いま、BLMの現場において立ち現れています。BLMのデモでは、パーティーを盛り上げる曲を合唱し、それに合わせて若者たちがストリートで踊っています。それはヒップホップの誕生時の光景に重なるものです。路上でパーティーを開いて踊ることは、貧困や差別を生み出す政治、自分たちを見捨てる政治に翻弄されるのではなく、自分の人生をどう楽しむかは自分で決めるという態度の表明でした。路上のパーティーでレコードに針が落とされたその瞬間から、政治に左右されることのない解放された世界、〈神の国〉が芽生えたということです。

　〈神の国〉はいま、次のフェーズへと移行しつつあります。ジョージ・フロイド、アマード・アーベリー、トレイヴォン・マーティン、エリック・ガーナー、チネドゥ・オコビ[12]。ストリートで死した数多くの黒人の名を呼び、音楽に合わせて踊る。それは、いま地上で生きている者が死者を想い起こすことをとおして見出す〈神の国〉を現臨させるものに他なりません。

　BLMは、ヒップホップの宗教性と結びついたスピリチュアルな運動です。民主主義という政治の枠組みをも飛び越えて、新しい世界の可能性を見出そうとするものなのです。民主主義の政治は、危機に晒され続けてきた黒人社会に対して中途半端なことしかできません。あのオバマでさえ、マイケル・ブラウンを殺した白人警官を不起訴にした大陪審の判断を支持しました。アメリカは法治国家であるから、大陪審の決定を受け入れるのは当然だというわけです。

12　チネドゥ・オコビは、サンフランシスコ出身のモアハウスの卒業生で、わたしの一つ上の学年にいた。学生時代には、ときどき食堂で一緒に食事をしたり、フリースタイルを披露してくれた。そのチネドゥは、2018年10月3日にサンフランシスコのサンマテオ郡の警官のテーザーガンの過剰使用によって殺されてしまった。しかし、彼を殺害した警官は不起訴のままである。この出来事は、家族はもちろんのこと、彼を知る多くのモアハウスの兄弟たちの間でも大きな怒りを呼び起こした。

こうした政治の限界に対して、スタイルズPは、"Fuck politics"だと、す
なわち「俺はトランプ支持者でも、クリントン支持者でもない。オバマだっ
て失敗したじゃないか……俺は政治なんかあてにしない」と「Never Fight
An African」(2018) という曲でラップしています。このタイトルから、BLM
で掲げられたプラカードの「わたしたちは、あなたたちが殺すことので
きなかった奴隷の子孫だ」(We are the grandchildren of the slaves you
couldn't kill) という言葉が思い出されます。ここに、アメリカの黒人の歴
史を貫くアナムネーシスがあります。奴隷制、リンチ、人種隔離、KKK、
警察、大量投獄によって非人間的な仕打ちを受けてきた歴史のなかで殺さ
れたアフリカの血をもつ者を想い起こし、絶望のなかから立ち上がり続け
てきた。復活を信じる信仰とはまさにこのことです。全てが解放された世
界が実現すると信じる。BLMとヒップホップの宗教性から、わたしたちも
この混沌とした世に新たな世界を見出していけるのではないでしょうか。

2020年12月1日
「株式会社朝日カルチャーセンター中之島教室」でのオンライン講座より

〈神の国〉はビートとともに路上に現臨する｜山下壮起

ファーガソンの
前線より

2

【説教】

オサジェフォ・ウフル・セイクウ

Osagyefo Uhuru Sekou

マイケル・ブラウンが流した血は、アメリカに大きな変革の種を蒔きました。黒人の身体は国家からの荒々しい暴力の標的にされ、それが常態化されてきたわけですが、彼の血はそれを覆い隠す虚飾を洗い浄めるものでした。マイケル・ブラウンの血はアフリカ系アメリカ人とアメリカとの通時的な関係のなかで独特の意味合いを持っています。我々はその関係において、抑圧され、恣意的な暴力と取り締まりの対象となり、老朽化した学校や住宅をあてがわれるしかないことへの合意を押しつけられてきたのを本質的に理解しています。それゆえに、我々はさまざまな形で抵抗してきたわけです。

たとえば、ある者は世間体をよくすることで、つまり、礼儀作法に人一倍気をつけることで命を守ろうとしてきました。かたや、別のある者は、とにかくなんとかして15セントから1ドルを稼ぐことで生き延びてきました。アメリカにおいて黒人の血が流されることが当たり前のこと——抑圧的な社会、そして、他国による占領下という状況で十字架刑が国家的暴力の形式として行われる構造において、イエスの血が流されたのも当たり前の出来事であるのと同様に——であるにもかかわらず。しかし、マイケル・ブラウンに関する状況の特異さは、彼が路上に4時間半も放置されたままだったという事実にあります。これは、尊厳をもって死者を葬ることのできなかった黒人にとって、目に余る非礼と侮辱の出来事です。

この国での我々の歴史の大半において、この国は我々に尊厳をもって息子たちを葬ることをゆるさず、8月のうだるような暑さを放つ太陽に熱せられた路上に放置するだけです。そして、自分たちの息子の遺体が路上に放置されたまま、救急車は呼ばれることなく、バーミンガムのときのように警察犬がけしかけられる[1]。しかも、その警察犬には、犠牲となった子どもたちのためにありあわせのもので作られた追悼碑のうえに、小便を垂れることさえ許される。さらに、この若者たちが非暴力の抗議行動に出ると、あ

---

1 1963年、アラバマ州バーミンガムで行われたデモ行進では、小学生から高校生までの学生たちも参加した。その若者たちに対して、警察署長のブル・コナーの指揮を受けた警官たちが消防用の高圧放水を浴びせ、さらには警察犬をけしかけて攻撃した。

たかも占領下のパレスチナのように戦車が駆り出され、催涙ガスが使われるほどです。これほどまでの侮辱に我々は晒されています。しかし、我々はここではっきりと言います。我々は決して屈しないと！（聴衆：アーメン！）

　若者たちが受けているこれほどまでの侮辱は、国家によるもののみならず、その権力におもねる背教的な教会によるものでもあります。若者たちはこうした教会が自分たちとは無関係なものであることを根本的にわかっています。教会は、気づいたときには若者たちが置かれている状況において無意味な存在となっていました。多くの教会が若者に「なんでズボンをずり下ろして履くんだ」「金歯をつけすぎだ」「道徳的に不適切な音楽を聴くな」と難癖をつけてきたゆえに、両者の関係は破綻しているからです。教会の指導者たちはストリートで何をすべきか見出せず、若者たちはかれらを拒絶するだけです。

　アメリカにおいて馬鹿にされ、見下される若者たち。かれらの腰パン、かれらの口汚い言葉遣い、かれらが聴くラップ・ミュージックを、わたしたちは嘲笑の的にしてきました。そして、かれらが通りを歩いているのを見かけると、わたしたちは怯えてハンドバッグをぐっと抱え込んでしまいます。しかし、この若者たちこそがこの国の救いなのです！

　この若者たちは大統領[2]を要求しました。しかしこの大統領は、こと若者と黒人の苦難に関してはつねに弱気でした。黒人が自由への闘いのなかで発してきた言葉をとっかえひっかえ使ってきたのに、我々の子どもたちが惨めに撃ち殺されるときには口ごもることしかできません。この大統領は事件発生から３ヵ月後、ようやくこの若者たち——腰パンの若者たち、そしてクィアな黒人女性たち——と会見しました。大統領が会見せざるをえなかったのは、どの牧師も彼ら、彼女らを統制できなかったからです。どの公民権団体も、この若者たちを制御することができなかった。かれらはこの国で馬鹿にされ見下されてきたにもかかわらず、その行動に対して自由主義世界の最高指導者は協議の場を設けて解決を図ることを迫られました。な

2　バラク・オバマのこと。

ぜなら、かれらは決して屈することはないからです！

　国家の高圧的な暴力の標的とされてきた若者たち。かれらは黒人教会の預言者的伝統の恩恵に与ってきたわけではありません。黒人教会は、些細な物質的なもの、インチキな知性、資産を増やすことだけに夢中になってしまったからです。それに対して、この若者たちは戦車の前に立ち、催涙ガスを浴びせられ、それでも決して屈することはありませんでした。この若者たちは民主主義において軽んじられ、我々からも見捨てられてきたにもかかわらずです。

　この世代間の齟齬について興味深いことがあります。1903年、あのW.E.B.デュボイスが年長者たちに「いまの若者たちの何が問題だと思いますか」と尋ねると、かれらは「それは若者たちが聴いている音楽といつもやっている踊りだ」と答えました。世代間の差異という枠組みにおいて、この対立はどの時代にも存在してきたことがわかります。問題なのは、世代間の違いのせいで、我々がとんでもない嘘を信じ込まされることです。ジェームズ・ボールドウィンの『次は火だ』（The Fire Next Time）に収録されたエッセイ「奴隷解放百年記念に際して甥への手紙」のなかで、ボールドウィンは父──つまり、甥にとっての祖父──についてこう記しています。「白人たちが彼について言ったことを、心の底では本当に信じ込んでいたのだ」[3]と。では、白人たちは何と言っていたのか。「あいつは黒んぼだ」と。我々のコミュニティでも、多くの者が人種差別的な支配構造のなかで、白人が我々の子どもたちについて「こいつらはニガーだ」と言っているのを信じ込まされています。つまり、この子どもたちは尊敬に値しない、何をしてもそれに値しないと思い込まされています。

　そして、二次的には、この世代間の齟齬はファーガソンの状況において教会が無意味であることと関連しています。そこでの抗議運動は、カフスボタンをつけた牧師たちによって指揮されたものではないからです。この運動を主導するのは、クィアの若い黒人女性です。女性たちが仕切ってい

3　訳文はJ.ボールドウィン『次は火だ──ボールドウィン評論集』黒川欣映訳（弘文堂新社、1968）p. 3による。

るのです。そして、わたしは23歳の若いクィアの黒人女性から命じられることを喜んで引き受けます。さらに、彼女たちの存在は、アメリカで市民として受け入れられようとして「相応しさ」を身につけてきた黒人たちの神経を逆撫でするものです。なぜなら彼女たちは、我々がアメリカに声を上げるのに相応しいと思われる恰好をしていないし、それに相応しいと思われる話しかたをしないからです。この若者たちは "Fuck The Police"（警察なんていらねえ）と言います。なぜなら、かれらは怒っているからです。そして、傷つき、打ちひしがれているからです。アメリカが黒人の若者たちを路上に放置する形で約束を破り、一方で、我々のコミュニティの一部がアメリカへの服従と「相応しさ」によって振る舞うことの約束を遵守しようとするかぎり、かれらは便宜上の慰めの言葉に服することはありません。若者たちはその契約への同意を拒絶します。

　それゆえに、この運動において、わたしたちは聞き慣れないことを耳にします。かれらは "We Shall Overcome"（わたしたちは困難を克服する）なんて歌いません[4]。かれらは "Turn up!"（パーティーを楽しんで騒げ！）と声を上げるのです！ "Turn up! Don't turn down! We do this for Mike Brown!"（音量上げろ／状況をひっくり返していくんだ！　音を小さくするな／おとなしく引き下がるな！　わたしたちはマイケル・ブラウンのためにそうするんだ！）、"If we don't get it, shut it down!"（わたしたちが正義・自由を手に入れられないなら、道路・裁判所・役所・警察署を封鎖しろ！）、"If Mike Brown don't get it, shut it down!"（マイケルがそれを手に入れられないなら、いますぐ封鎖しろ！）と。

　この若者たちの叫びは、特異な黒人の賛美歌です。しかし、それはこれまでとは逆の順番で創作されたものです。公民権運動では、しばしば賛美歌が転用されました。たとえば "I woke up this morning with my mind stayed on Jesus"（今朝、わたしはイエスに心を留めながら目を覚ました）を "I woke up this morning with my mind stayed on freedom"（今朝、

4　公民権運動のテーマソングともなった歌。日本では「勝利をのぞみ」と訳され、讃美歌集にも収録されている。

わたしは自由に心を留めながら目を覚ました）と歌って自由の賛歌としたわ
けです。いまわたしたちが耳にしているのはこれの逆であり、ストリートの
若者たちが共有するヒップホップ的感性によって生み出された賛美歌なの
です。そして、これらのチャント[5]は、社会システムだけでなく背教的な教
会をも告発するポストモダンの賛美歌です。

　だから、音量を上げて騒ぐし、音量を下げておとなしく引き下がることは
ない。わたしたちはマイケル・ブラウンのために立ち上がるのです。わた
したちにとってマイケル・ブラウンの名とは、抵抗しなければならないこと
を意味します。若者たちの文化から生じたこれらの言葉は、いまのこの国
の枠組みにおいて最も有力な抗議の形となりました。わたしたち宗教者が
直面している問いとは、どうすれば若者が教会に来てくれるか、どうすれ
ば教会がストリートに出ていけるのかというものではありません。むしろ、
神は腰パンの格好をしている、神は顔にタトゥーを入れている、そして、神
はクィアであることを見出すことができるかということです。我々は神がす
でにそこにおられることを見出せないために、若者たちのために何もする
ことができないのです。しかし、神はすでにそこに臨在し、この若者たち
の生において働いておられます。そう、わたしはファーガソンのストリート
にて 新 生したのです。（聴衆：拍手）なぜなら、わたしは若者たちが集まり、
新しいものを湧き上がらせるその場に、デュルケムが集合的沸騰と呼んだ
ものを見たからです。そして、国家の標的にされながら、それでもなお屈
しなかった若者たち、金歯をはめてタトゥーをした腰パンの黒人の若者た
ちのなかに、神が人間の姿をとおして現れるのを見たからです。

　この枠組みにおいて、かれらの姿は教会とは何であるかについての新し
い解釈を提示し、教会、そして、牧師職の意味合いに風穴を開けるものでし
た。わたしがファーガソンに赴いた理由のひとつは、アフリカン・メソジ
スト監督教会の牧師で白人女性のレニータ・ラムキン――彼女は我々の同
胞のためにゴム弾で撃たれました――のためです。戦車と若者たちの間に

5　この文脈ではデモ隊が繰り返す掛け声の意味で使われるが、本来はシンプルな旋律で繰り
　返される聖歌のことである。

彼女が立ったとき、彼女はこう言いました。「わたしはいま、天国と地獄の門の間の隔たりのなかにいる」と。

ファーガソンの若者たちの姿は、この国だけでなく、教会に救いをもたらすチャンスを象徴しています。このことは、神学的営みがこれまでとは違ったかたちで現れていることを意味します。「若者たちに救いはあるのか」なんていう問いを掲げるべきではありません。わたしたちが問うべきは、「かれらはわたしたちを救ってくれるのか」です。（聴衆：アーメン！）

わたしは幸いにもかれらのあとを追いかける機会を与えられています。わたしはこの運動のリーダーでは決してありません。わたしがかれらのあとに続いているのです。しばしば、かれらは夜遅くにこんなチャントを繰り返すのですが、正直なところ、それはわたしには無理なものです。かれらは「わたしたちは若い！　わたしたちは強い！　そして、夜通しデモ行進する！」(We young! We strong! We marching all night long!) と声を上げるのですが、それも夜中の2時にです。たしかに夜通しデモ行進している。こんな遅い時間までデモをせずに、わたしは内心では早く家に帰りたいのです。（聴衆：笑）でも、かれらがここにいるかぎり、わたしも一緒にいなければならない。だって、かれらは、若さゆえに後先考えずに行動して何をするかわからないし、見ていてひやひやすることも多々あります。（聴衆：笑）

でも、この若者たちこそが、この国の、そして、教会の救いなのです。

デモや抗議集会になると、多くの牧師はいまにもなだれ込んでいきそうなデモの群衆に向かって、「さあ行こう！」と叫んで、指揮をとろうとしがちです。（聴衆：笑）今日ここにいる牧師の皆さんはもちろんそんなことはしないと思いますが。でも、いまファーガソンで牧師がそれをやってしまったら、おそらくボロクソに罵られます。たしかにこの運動では、下卑た言葉が発せられます。しかし、それにもかかわらず神聖なものです。この運動は怒りに満ちています。しかし、それにもかかわらず高潔なのです。

アレクシス、ブリッタニー、アシュリー、T・ダブ、テフ・ポー、トー

リ、ダイアモンド、ネッタ、ケイラ[6]。ファーガソンでの運動を推し進めるこれらの若者たちは、戦略的な限界を抱えながらも、かれらなりのやりかたで預言者的伝統の最も優れた部分を取り込んできました。ファーガソンでの興味深いことのひとつは、非営利産業複合体（non-profit industrial complex）[7]の基盤がなかったことです。この非営利産業複合体には、社会運動を統制し、黒人の怒りを抑えようとしてきた歴史があります。しかし、ファーガソンの黒人たちは、そうした組織による統制に従順になることはありませんでした。大統領は昔ながらの公民権運動のリーダー、アル・シャープトンに呼びかけましたが、シャープトンなんかがファーガソンで夜中に出歩けるわけがありません。それに、シャープトンもジェシー・ジャクソン[8]も、若者たちからブーイングをくらったのをわたしは見ていました。

あるとき、ハリー・ベラフォンテ[9]がわたしに電話をくれたとき、こう言っていました。ファーガソンでの運動に特有なのは、若者たちが昔からのリーダーたちへの嫌悪感を躊躇なく露わにしていることだと。そして、若者たちはなんとしてでも抗議運動における新しいスペース、新しい時間軸、新しい方法を生み出す用意ができていると。この新しいスペース、時間軸、方法の一環となったのが、継続的な遮断です[10]。抗議運動において、年配

6　T・ダブとテフ・ポーは地元のヒップホップアーティスト。アレクシス（Alexis Templeton）とブリッタニー（Brittany Packnett Cunningham）は地元の運動家。ほかはTory Russell、Diamond Reynolds、Johnetta Elzie（通称Netta）、Kayla Reedを指す。

7　種々の基金の資金提供のもと形成される、NPO・NGOと行政や階級の連動したシステム。監視や管理を強化する、人びとの異議を資本主義に融和的なものへと方向修正する、アクティビストの組織を硬直化させる、博愛的なスローガンのもと植民地主義的な活動を推進するといった数多の問題点が指摘されている。

8　牧師、公民権運動家で、1984年には大統領選挙の予備選に立候補し得票数第3位となった。

9　マルティニーク系黒人の父とジャマイカ系の母をもつ歌手、俳優、社会活動家。

10　ファーガソンでは、マイケル・ブラウンを殺害した白人警官ダレン・ウィルソンの無罪判決を受けて、ブラック・フライデーの日にデモ隊が地元のいくつかのモールに押し寄せ、モールの責任者が一時的に店を閉じる事態にまで発展している。そのためここでは、ヒップホップ世代の若者が群衆で乗り込み、社会インフラを封鎖しながら要求を突きつけ、同時に他の若者たちにデモへの参加を呼びかけるという戦略が示唆されていると思われる。

者たちはしばしば「どんな計画だ」と尋ねてきます。そして、オプラ・ウィン
フリー[11]はいまのファーガソンでの抗議運動について、若者たちが何を要
求しているのかまったく見えてこないと言っています。しかし、そんなこと
はありません。我々の要求は明確です。これ以上我々を殺すな。これが我々
の求めていることです。

　ファーガソンでの若者たちの運動に対して、わたしたちは過去の運動の
ノスタルジックなイメージを押しつけようとしてしまいます。でも、そのイメー
ジは、本質的には決して真実ではありません。40歳以上の人間はみなキン
グ牧師と一緒にデモ行進したことがあるかのようなふりをして、若者をだ
ましているにすぎません。「わたしはSNCC（学生非暴力調整委員会）にも
関係していた。セルマのエドモンド・ペタス橋で行進した人たちのことはみ
んな知っている」と騙っています。「わたしはあの場にいた」と言う人たちす
べてが、もし本当にそのとき行進していたなら、エドモンド・ペタス橋は崩
落しているはずです。

　わたしたちは若者たちに公民権運動の神話を植えつけようとしてしまい
ます。公民権運動を闘った年配者たちはみな一致団結し、黒人社会には
いっさい言い争いはなかったと。全国バプテスト協議会（National Baptist
Convention, NBC）において、キング牧師の邪魔をしたのは議長のジョセ
フ・H・ジャクソンでした。そして1961年に行われたNBCの総会において、
キング牧師らが支持したガードナー・テイラーとジャクソンとの議長選挙
が混乱に陥ったため、テイラーやキングをはじめ、2000人の牧師がNBC
を離脱して急進的全国バプテスト協議会（Progressive National Baptist
Convention）を組織しました。ジャクソンは、キングが南部キリスト教指導
者会議（Southern Christian Leadership Council）に託した公民権運動の
ビジョンを拒絶したからです。わたしは、NBCのこうした姿勢に苛立ちを
覚えます。公民権運動を拒否したのは黒人牧師であり、背教的な黒人教
会でした。黒人自身が公民権運動を拒否したのです。

11 アメリカで最も裕福な黒人女性タレントで、2008年の大統領選挙ではオバマ政権への支
　持を表明し大きな影響力をもった。

ジェイムズ・ローソン[12]なら、公民権運動に関わった黒人教会や黒人牧師はそれらのうちの10%にも満たないことをちゃんと教えてくれるでしょう。しかし、黒人牧師の多くはキング牧師の写真を掲げて、年に一度は彼のことを説教で取り上げ、こうした公民権運動の真実を神話で覆い隠そうとします。わたしたちはキング牧師の名を持ち上げ、そして、ディズニー化されたキング像を受け入れてきてしまいました。いうなれば、リンドン・B・ジョンソン[13]との関係から得た、白人の体制側にアクセスする手法を袋から取り出して黒人たちに配り回る、公民権運動のサンタクロースのような存在に仕立て上げてしまったということです。

　我々はこうした神話を造り出してしまいましたが、若者たちはこの神話をきっぱりと拒絶します。ファーガソンでの運動のリーダーのひとりでもあるラッパーのテフ・ポーは「これはお前らの父ちゃんや母ちゃんの公民権運動じゃねえ」と言うくらいです。公民権運動といまの運動の若者たちは、身なりも違えば、言葉遣いも違います。それはすばらしいことです。なぜなら、かれらは決して服従しないからです。体制側はこの運動に対して、持てる戦略のすべてを持ち出してきました。戦車を出動させ、催涙ガスを浴びせ、家々を焼き払い、我々の仲間を打ちのめし、銀行口座を強制的に閉じました。しかし、我々は決して屈服することはありません。

　この若者たちのおかげで、我々は急進的な思想を延命させ、新しい解放の神学を生み出せるような実存的な構造を創造することができました。この若者たちこそ、我々がずっと待ちわびてきたものです。この新世代（ミレニアルズ）を、弱音ばかり吐いて自己中心的すぎると批判する人びとは何もわかってはいません。この若者たちは決して屈服しません。かれらは、我々の多くが避ける危険を冒すことを恐れてはいません。わたし自身は抗議運動の参加者のなかでは保守的な人間ですが、わたしはかれらの言うことを信じていま

ファーガソンの前線より｜オサジェフォ・ウフル・セイクウ

12　キングとともに活動した牧師で、マハトマ・ガンジーから受け継いだ非暴力直接行動を説いた。

13　ジョン・F・ケネディ大統領時代に副大統領を務め、ケネディ暗殺後には大統領に就任したが、ベトナム戦争への軍事介入を推し進めたため、激しい反対運動を受けた。

す。なぜなら、かれらはわたし自身がまだ完全に理解できていないことを知覚しているからです。それはどういうことか。かれらは、わたしの祖母が心の内に秘めていたのと同じものをもっているということです。かれらはそれを内面において手に入れています。かれらは絶えず祈り続ける祖母たちによって育てられたからです。かれらはその内に秘めたものゆえに、困難のなかで道を切り拓いていくのです。

　一方で、わたしの祖母のような年輩者たちは若者の言っていることをすべて理解しているわけではありません。実際、わたしの祖母は、クィアが何かわかっていません。たしかに彼女はゲイとストレートが何かわかっていますが、その傍らではバイセクシュアルのことを欲張りだと言っています。（聴衆：笑）彼女はこうしたことについてほんとうに何もわかっていないのです。クィア、シス・アイデンティティ……何もわかっちゃいません。しかし！しかし、我々の子どもたちを決して路上に4時間半も放置してはならないことを、彼女はいやというほどわかっています。（聴衆：そのとおり!）ファーガソンで声を上げる若者たちは、わたしの祖母のように苦難の道をずっと昔に通ってきた人びとの霊的な力を、自らの内に引き入れているのです。

　そして、この若者たちはその霊性を取り込んで、ビートのなかに落とし込んだのです！　だから、若者たちによる運動の音、見た目、機能は、我々の知っているこれまでの運動とはまったく異なるものです。それでも、わたしたちはかれらの声に快く耳を傾けなければなりません。我々の運動において、多くの組織は俊敏性に欠けます。助成金のために報告書を作成しなければいけませんし、資金提供者のご機嫌伺いをしなければならないからです。こうした状況が社会運動を制限しているがゆえに、運動に関わる諸組織の対応はいつも後手後手になってしまいます。

　一方で、若者たちは自力で、限られた資源のなかで運動を進めてきました。ついこの間のことですが、わたしはクリスマス・イヴの前日、不審な状況のなかで警察に殺害されたアントニオ・マーティンという少年の葬儀を司式しました。ファーガソンでの運動に関わる若者たちはこの青年のために集まり、葬儀費用を工面し、そして、尊厳をもって彼を埋葬しました。こ

の葬儀のなかで、アントニオの家族のために、クィアのアナキストたちが軽食を用意してくれました。紫色に髪を染めてアシンメトリーの髪型で、タトゥーだらけで、唇にピアスをいれたクィアたちが黒人教会にいる。そして、警察によって愛する息子を失った黒人家族のために何人分もの軽食を用意しているのです！ 町の95%の牧師たちが、この事件についてだんまりを決め込んでいるなかで。

ファーガソンでの運動で、わたしたちは刑務所支援、保釈金準備のための資金援助に全力で関わってきました。たとえば、微罪で違反切符を切られたのに出頭しなかったり、罰金を払わなかったりすれば逮捕令状が出される状況と言えば、皆さんもわかりやすいと思います。ファーガソンの運動では、このことに全力で取り組んできました[14]。

この運動において、わたしたちはリーダーシップについて演説で語ることはありません。運動に参加する人びとの多くは、教会に足を運ぶことはないでしょう。たとえば、若者たちはわたしにこう言います。汚い言葉（curse word）を使いますが、お許しください。これはあくまで若者たちの言葉を引用しているだけで、わたしは汚い言葉を使うことはありませんから。（聴衆：笑）かれらはこう言います。「ボクシさん、俺たちは牧師なんかとツルむことはないけど、あんたとならツルむぜ」（We don't fuck with preachers, but we fucks with you）[15]。かれらが何を言いたいのかというと、「俺たち

---

14 アメリカの司法省は、マイケル・ブラウン事件以降にファーガソン市の調査を行った。その結果、人種的偏見に基づいた構造が明らかになった。ファーガソンでは、ヘッドランプを故障したままで運転した、家の前庭の芝生を伸ばしっぱなしで放置していた、あるいは車道を歩いていたという程度の微罪に対して数百ドルの罰金を科すことで、市の歳入を捻出してきた。そして、財源確保のための取り締まりの対象となったのが、黒人貧困層だった。黒人貧困層の多くが罰金を支払えず、あるいは、裁判所に出頭できないために逮捕令状が出されることが常態化していた（http://democracynow.jp/editorblog/15-01-14-8631 参照）【最終アクセス2020. 9. 12.】。司法省の報告を受けて、2015年8月にファーガソン地裁のドナルド・マッカリン判事は、2014年12月31日までに出されたすべての逮捕令状と交通違反の罰金を無効にした。

15 curse wordとは罵り言葉のことだが、curseには「呪い」の意味もある。聖書では、「悪い言葉を一切口にしてはなりません」（エフェソの信徒への手紙4章29節）といった言葉があるように、汚い言葉は忌避される。

が催涙ガスでやられたとき、あんたも一緒にいて催涙ガスでやられたよな」ということです。

ファーガソンの路上で展開される運動において、最も正当性のある牧師はさきほど名前をあげた白人女性のレニータ・ラムキンです。彼女はかれらの身代わりとなってゴム弾で撃たれたからです。さらに、彼女は悪魔払いをします。彼女はファーガソンの路上に駆り出された戦車の前に進み出て、手をその上に置いて異言[16]を語りました。そして彼女は、警察への怒りに満ちた数千人の若者を押しとどめながら、片方の手をあげてこう言いました。「悪魔よ、お前は嘘つきだ! そして、今夜はどの子も傷つけさせはしない!」(聴衆：ハレルヤ!)こんな聖化なら、いつでも大歓迎です[17]。

彼女は運動に関わろうとする白人にとって根本的に重要なことを理解しています。どういうことか。わたしは、「アライ」になるなんてことはしません。わたしがなるのは「フリーダム・ファイター」です。人種差別はわたしたちをおかしくさせるものです。まるで、わたしたち黒人に1拍目と3拍目でリズムを取らせるくらいに。(聴衆：爆笑)この闘争を自分自身に関わる重要なものとして捉えるとき——というのも、アライには好きなときに出入りするという選択肢があります——フリーダム・ファイターはこう言うのです。「これはわたしの闘いでもある! なぜなら、あなたの魂が危機にあるからだ。

---

16 セイクウ牧師の属すペンテコステ派において重要な概念である異言は、その教派名が示すように、使徒言行録2章に記される五旬祭(ギリシャ語でペンテコステ)の日に起きた聖霊降臨の出来事と結びついている。同1-4節では「五旬祭の日が来て、一同が一つになって集まっていると(中略)炎のような舌が分かれ分かれに現れ、一人一人の上にとどまった。すると、一同は聖霊に満たされ、"霊"が語らせるままに、ほかの国々の言葉で話しだした」と記される。「異言を語る」ことが英語で"speaking in tongue"となるのもこの記述に由来する。一方で「異言を語る」とは、単に聖霊の力によって外国語を話せたという奇跡よりも、支配の力を恐れて内に閉じこもってきた人びとが命を生かす神の息吹によって立ち上がり、解放の言葉を語ったことを示すものとして理解できる。

17 聖化とは文字通り「聖なるもの」へと変ずることであり、聖霊の働きによって罪から救われることを指す。教派によってその理解は異なるが、セイクウ牧師の背景がペンテコステであることと、レニータ・ラムキンの行動を踏まえるなら、聖霊の働きによってキリストに倣い、虐げられた者の苦しみを分かち合いつつ仕えること、またその奉仕がこの世の悪を払うものとなることだと理解できる。

黒人の子どもがストリートで殺されるとき、あなたの大切な一部も殺される。だから、わたしも一緒に闘うのだ」と。

　もう一度はっきり言いましょう。わたしたちはこの邪悪な構造について語っているのです。組織のなかに全体に悪影響をおよぼす悪者がいるということではなく、そもそもの構造が腐敗しているのです。わたしは「あなたは警察と協議しているのですか」と聞かれることがしょっちゅうあります。それに対しては、こう答えます。「そうですね。やつらが我々を殺すのをやめたら、そうすることにしましょう」と。

　しばしば、我々は正義の実現に取り組むことをしないまま、和解へと急ぎたがります。それは、十字架なしで復活を求めるようなものです。十字架の道は、わたしたちに痛みを経験することを必要とします。そして、黒人の苦難や惨状があることを認めながら復活を手に入れることを許そうとしない、この世界の醜さを知ることを必要とします。

　受難日（Good Friday＝イエスが十字架に架けられた日）がなければ、イースターを迎えることはできません。（聴衆：ハレルヤ！）誰がホワイトハウスにいるかなんて、どうでもいいことです。そうです、いま目の前で起きているのはアメリカにおける受難日です。我々の子どもたちは十字架にかけられ、公衆の目に晒されました。これがアメリカにおける受難日です。ファーガソンでは、1万5000人いるアフリカ系アメリカ人のうち、1万人に逮捕令状が出されています。これがアメリカにおける受難日です。子どもがおもちゃの銃で遊ぶ、子どもの遊びとはそういうものです。しかし、子どもがそのように普通に遊んでいただけで殺され、挙げ句、警察は救急車を呼びませんでした。これがアメリカにおける受難日です。拳銃を売っている店でBBガンを手にしただけで、背中から撃たれてしまう事件がオハイオ州で起こりました。これがアメリカにおける受難日です。首を絞められ「息ができない」と訴えながら、そのまま殺されてしまった。その全容が録画されているにもかかわらず、彼を殺した警官は不起訴のままです。これがアメリカにおける受難日です。18人の証人が大陪審においてダレン・ウィルソンに不利な証言をしたにもかかわらず、被告に求刑すべき検察官のボブ・マカロウが

弁護士のように振る舞って、陪審員に判決を委ねてしまいました。大陪審での訴訟手続きの腐敗は、最高裁判所のなかで最も保守的なアントーニン・スカリアがわざわざ出てきて指摘するほどでした。

　失った息子のためにありあわせのもので追悼碑を作り、そこに「早すぎる死」と哀惜の言葉を記さねばならない母親がいます。これは民主主義の死を示す言葉ではないかもしれませんが、究極の哀歌に他なりません。一日おきに、母親たちがテディベアを路上にたむけ、ロウソクに火を灯して、警察の手によって殺された人びとのために追悼碑を用意している。これがアメリカにおける受難日です。

　子どもたちはお粗末な教育システムの犠牲となり、互いに撃ち殺し合っています。シカゴでは、教会に行くよりも拳銃を手にするほうが簡単だからです。これがアメリカにおける受難日です。そして、レニーシャ・マクブライドやその他大勢のように、黒人女性はつねに暴力の危険に晒されています[18]。そうした現実があるのに、黒人コミュニティは女性のためにデモ行進するのに足踏みをしています。さらに、クィアやトランスジェンダーの人びとが我々のコミュニティのなかで殺されていることについて、何の声も上がりません。我々のコミュニティがこの人びとのためにデモ行進できないのは、ゲイの命が軽んじられているからです（Gay lives don't matter）。これがアメリカにおける受難日です。聖職者たちは預言者たる抗議デモの参加者の隣に立つよりも、大統領の隣に立つことを居心地がよく、都合がよいと感じています。これがアメリカにおける受難日です。（聴衆：拍手）

　たしかにいま、アメリカにおける受難日のなかにあります。しかし、イースターは必ずやってきます。ただし、それはわたしたちがよく知っている形でやってくるわけではありません。エリヤに囁いた声[19]、あるいは、モーセ

18　2013年11月2日の早朝、デトロイトで車の運転中に事故を起こしたレニーシャ・マクブライドは、助けを求めてさまよい歩いた。そして、事故現場から1マイルほど離れた家のドアをノックしたところ、住人のセオドア・ウェイファーに頭部を撃たれて殺された。

19　列王記上19章で、敵からの襲撃を恐れた預言者エリヤは洞窟に閉じこもるが、神が囁く声を聞き、再び預言者として歩み出していく。

が見た燃え尽きることのない柴[20]のようにして現れるわけではありません。その訪れは、ラッパーが"Turn up!"と叫ぶ言葉とともにやって来ます。それは、怒りで激高する若者たちが"Fuck the police!"と叫ぶ言葉とともにやってきます。それは、ファーガソンの抗議デモで出会ったクィアのカップルが結婚するときにやってきます。それは、わたしたちが思っている形で立ち現れるものではありません。しかし実は、イースターはすでにやってきています！（聴衆：アーメン!）黒人コミュニティの復活、民主主義の復活とは、実に、わたしが共に働く栄誉を与えられたこの若者たちのことです。かれらは我々が見慣れない恰好をし、聞き慣れない言葉遣いをし、なじめない振る舞いをします。しかし、かれらこそ我々の救いであり、かれらこそイエスご自身なのです！

　かれらこそ、我々が、そして、リーダーたちが待ちわびていたものです。そして、アメリカはいま受難日のただなかにありますが、イースターはいまここに訪れています。決して屈服することのない若者たち世代の声を通じて。（聴衆：拍手）

　それゆえに、我々にはあるものが求められています。それが何かを示す物語があります。南部に、ある年老いた女性が暮らしていました。彼女はちゃんとした教育を受けることができなかったため、教養があったわけではありません。彼女には大切にしている孫がいました。その孫はよくバケツを叩いていました。周囲の人びとにはただの騒音にしか聴こえませんでしたが、彼女にとってはベートーベンの交響曲第5番のように聴こえていました。ある日、バケツの音が鳴りやみました。彼女の孫は病にかかってしまったのです。彼女は医者を自分の住まいである掘立て小屋に呼んで、孫を診てもらいました。診察した医者は、「あまりにも高熱で、このままだと脳に影響が出て、最悪の場合、死んでしまいます。早く熱を下げないといけません」と言いました。そこで医者は少年がいつも叩いていたバケツを彼女に渡して、「ここに氷を入れてもってきてください」と頼みました。

20　出エジプト記3章で、モーセは燃え尽きることのない柴に導かれて神に出会い、同胞を連れてエジプトの支配から脱出せよという啓示を受ける。

すると彼女は家の外へと出ました。そして、バケツを地面に下ろし、遠く向こうを見つめてこう言いました。「わたしは、あなたが救い主であることをわかっています。わたしたちの民を奴隷制から救い出してくださった方だからです。そして、あなたはわたしに、この子はいずれ大物になると言ってくださいました。ですから、ここに来てください。そして、氷を届けてください」。

　彼女はそこにバケツを置き、家のなかに戻ってキッチンへと向かいました。そして、彼女の手作りの砂糖漬けの果物ジャムの入った古いメイソンジャーとピーナッツバターを取り出して、ピーナッツバタージャムサンドを作りはじめたのです。ナイフがメイソンジャーをこそぐ音が聞こえてきたので、医者は彼女に「何をしているんですか」と言いました。すると彼女は「ピーナッツバタージャムのサンドイッチを作っているんですよ。だって、わたしの孫が起き上がったら、お腹が空いてるでしょ。それに、あの子はピーナッツバタージャムのサンドイッチが好物なのよ」と答えます。そこで、医者が「氷はどこですか」と聞くと、彼女は「もうすぐここに届きますよ」と答えました。

　さて、この老齢の女性が「氷はもうすぐここに届きますよ」と言ったとき、彼女の声は明けの明星を越え、宵の明星を越え、さらに、真珠の門を通り抜けて、黄金に輝く天の都の大通りをくだっていきました。そして、天の玉座の周りに集った天使たちが「聖なる聖なる神である全能の主よ。かつておられ、今おられ、やがて来られる方。誉れ、栄光、そして賛美を受けるにふさわしい屠られた小羊」と新しい歌を歌っているところにたどり着きました[21]。すると神は賛美の歌を遮り、「わたしの僕（しもべ）からの言葉が聞こえてきた」と言います。

　神は、天使の大軍を呼び寄せました。そして、彼女の言葉が神に届いたとき、彼女は信仰によってそのことを悟り、「もうすでに神の助けがやってきた」と言いました。神の助けはここに向かっているのです。神は北極か

21　鍵括弧内はヨハネの黙示録1章8節および5章12節の言葉を繋いだもの。黙示録には、神を賛美する言葉が所々に記されるが、セイクウ牧師はBLMに関わる若者たちの背景にある数世代前の黒人たちの素朴な信仰に宿る黙示的想像力を聴衆に喚起しているのだろう。

ら北風を呼び、その次に、カリブの海から温風を呼びました。そして、それらにこう命じました。「メンフィスに向かい、そこから州間高速道路70号線のあたりまで行き、そこの小学校で右に曲がりデクスターさんの家まで行ったら、もう一度右に曲がってロック・ロードのほう、マウント・ザイオン・ミッショナリー・バプテスト教会まで行ってくれ。そしたら、道を渡ったところに年老いた女性の家がある。そこでお前たちは落ち合ってくれ」。すると、この女性の家で温風と北からの冷たい風がぶつかったために、雹が降ってきました。そして、バケツは氷でいっぱいになり、この年老いた女性の孫は回復することができました。

　このような信仰が必要なのです。神の助けがいまここに向かっていると信じる信仰が必要なのです。その信仰に立って行動するなら、路上に戦車がやってきたとしても、わたしたちは何があってもそこから一歩も動くことはありません。たとえ、いっさいの財源をもっていなくても、運動を進めるための非営利組織がなくても、委員会や相談役がいなくても、支援してくれる有名人がいなくても、この信仰こそが若者たちを毎日ストリートへと召し出すものなのです。神の助けがいまここに向かっていると信じて行動する信仰、これこそわたしたちが必要とするものです。小学6年生までの教育しか受けていない老女の真の信仰と、高校をドロップアウトした若者が歴史を変えました。わたしたちにもその意志・覚悟があるなら、イースターは必ずや訪れるでしょう。

訳者解題

　この説教は、2015年1月14日、「都市型牧会教育のための神学校コンソーシアム」(Seminary Consortium for Urban Pastoral Education) がシカゴのハーツェル・メモリアル合同メソジスト教会 (Hartzell Memorial United Methodist Church) で主催したイベントで語られたものである。

　オサジェフォ・ウフル・セイクウ牧師は、セント・ルイスで生まれ、アーカンソー州の田舎で育った。セイクウの家系は代々黒人ペンテコステの教派チャーチ・オブ・ゴッド・イン・クライスト (Church of God in Christ) の牧師であり、彼はその三代目である。一方で大学時代には、ガーナ建国の父であるクワメ・エンクルマが創始し、アメリカではストークリー・カーマイケル改めクワメ・トゥレが代表を務めたオール・アフリカン・ピープルズ・レヴォリューショナリー・パーティー (All-African People's Revolutionary Party) に参加し、政治的感覚を養った。彼が名乗っているアフリカの名前も、トゥレから名づけられたものである[22]。また運動の現地に積極的に足を運び、本説教でもパレスチナに触れるなど、アクティヴィストとして国際的な視野をもって活動している。さらには、映像作家やミュージシャンとしても活動してきた。

　セイクウは、白人警官によるマイケル・ブラウン殺害事件が起き「ブラック・ライヴズ・マター」の叫びに火がついた2014年のその日から、ミズーリ州ファーガソンでの抗議活動の最前線に立ち、若者たちと行動を共にしてきた。この説教の最後で繰り返されるように、セイクウは黒人の命が軽々しく奪われる現実をアメリカの「受難」と捉えている。しかし、そこに復活

---

22 *Bodies on the Line: Justin Campbell interviews Rev. Osagyefo Uhuru Sekou* (https://www.lareviewofbooks.org/article/bodies-on-the-line/)【最終アクセス2020. 10. 24】
「オサジェフォ」(Osagyefo) はガーナのアカン人の間でリーダーに与えられる称号であり、クワメ・エンクルマもその名に冠した。「ウフル」(Uhuru) は、スワヒリ語で自由を意味する。アフロセントリックな活動家たちは、同じスワヒリ語で「今」を意味するSasaと合わせて"Uhuru Sasa"（今こそ自由を！）のスローガンを用いてきた。「セイクウ」(Sekou) は、西アフリカで広範に使われるフラニ語で「賢明」を意味する。

があるのだと説き、復活を信じる信仰が問われているのだと聴衆を鼓舞している。マイケル・ブラウンをはじめ、国家的暴力によって殺された無数の黒人をイエス・キリストの十字架に重ねるとき、ブラック・ライヴズ・マターがいかに 霊 的な運動であるかを読み取ることができるのではないだろうか。

　聖書で復活と訳されるギリシャ語のアナスタシスは再び立ち上がることを意味する。復活を信じるとは、国家的暴力によって殺されたイエスが、この世を生きるわたしたちの間に霊なる存在として共にあることを信じて、命のなかに起き上がっていくことなのだ。それゆえに、デモにおいて、抗議者たちは国家的暴力によって命を奪われた者の名を繰り返し呼び続ける。そしてこの行動は、アナムネーシスにほかならない。キリストの弟子たちは、イエスの死と復活を 想 起する聖餐を通じて、神によって解放された世界、〈神の国〉を思い描いてきた。そしていま、同じように、路上で殺された無数の黒人を想い起こし続けてきたブラック・ライヴズ・マターにおいて、〈神の国〉が立ち現れようとしているのではないか。そのことを、セイクウのメッセージはわたしたちに伝えている。

セイクウの著書

Gods, Gays, and Guns: Essays on Race, Religion, and the Future of Democracy（Campbell and Cannon Press, 2012）

Urbansouls: Reflections on Youth, Religion, and Hip-Hop Culture（Chalice Press, 2018）

【小説】

金田満子の
ドープなリリック

飯田華子

IIDa Hanako

金田満子（51歳）はファミレスのパートから戻り、玄関先のハンガーにコートをかけると風呂場へ直行した。帰ったらまずシャワーを浴びる。手早く全身を洗い、着替えてドライヤーをかけていると、

　「おかえり」

　夫・金田光一（55歳）が書斎から出てきた。「書斎」といっても四畳半の和室だが、在宅勤務になってからここで仕事をしている。その隣の六畳が夫婦の寝室で、リビングの先の八畳が一人息子の部屋だった。住んで18年になる3LDKのマンション。ローン完済まであと7年。

　「翔太はいるの？　上着なかったけど」

　満子が尋ねると、

　「いるんじゃないかな」

　気弱な声で光一が答えた。

　「じゃあ上着のまま家ん中にあがったの？　あのバカッ！」

　満子は生乾きの髪でリビングに向かった。案の定、ソファにダボっとしたブルゾンが脱ぎ捨てられていた。

　「翔太ぁ！」

　ゴンゴンゴンゴン！　満子は息子の部屋の戸を激しく叩いた。ややあってから、うんざりした顔で翔太（21歳）が出てきた。

　「翔太！　何度言ったらわかるの！　上着は玄関にかけなさい！　菌がついてるから！」

　「菌とウイルスは違うよ」

　せせら笑うように翔太が言い、満子は激昂した。

　「ウイルスもついてるからダメ！　あんた、自分だけは大丈夫って思ってんでしょうけど、いつ罹ってもおかしくないんだからね！　だいたいどこに出かけたのよ！　あんたは仕事もしてないし、行くとこなんかないでしょー！」

　「ちょ、ちょっと、お母さん」

　光一が止めに入ったが、

　「うるせぇな！　コンビニも行けねぇのかよ！」

　翔太は荒々しく部屋の戸を閉めた。

「なによ……」

立ちすくむ満子の肩をポンポンと光一が叩く。

「お母さんが怒るのはもっともだ。でも、仕事のこと言っちゃ翔太も辛いよ」

満子はため息をついて夕飯の支度にかかった。スーパーで買ってきた食材をひとつひとつアルコールで拭き、野菜は流水で丹念にすすぐ。面倒だが、自分と家族をウイルスから守るためだ。これだけ気をつけているのだから、やはり翔太にも協力してほしい。

「結局あの子は、なんでもやってもらって当然だと思ってるのよ」

鶏の煮物、菜の花のおひたし、カブのサラダ、キャベツとベーコンのスープをテーブルに並べ、もりもり食べながら満子は言った。向かいで光一は第三のビールを飲んでいる。翔太は部屋に引っ込んだままだ。

「どうしていつまでも子どもなのかしら。そりゃ、仕事のこと言ったのは悪かったけど……」

翔太は高校卒業後、特にやりたいこともないからとアルバイトを転々としていた。若いうちはそんな時期があってもいいさと光一はのんびり構えていたが、満子は心配だった。学歴や資格もないまま社会に出るのは大変だ。決して裕福ではないが、翔太さえ望むなら、専門学校でも大学でも行かせてやるつもりだったのに。

しかし半年前、翔太はＡ区の小さなバーに勤めはじめ、急に生き生きするようになった。満子は行ったことがないが、音楽イベントもやる店らしい。

「オーナーの原田さんって人がすげえんだ。めちゃくちゃ音楽知ってて、海外からも色んなDJ呼んで。俺の聞いてた音楽なんてまじで狭かったんだなって思った。めっちゃ楽しい」

ここ数年ろくに会話もしなかった翔太が、キラキラした目で熱く語った。バーの店員なんて……と最初は苦い顔の満子であったが、

「俺も英語わかるようになりたいな。あと、機材いじるの楽しいから、ちゃんと専門行って勉強しようかな」

と翔太が言い出し、考えを改めた。なんにせよ息子がやりたいことを見つけ、一歩踏み出したのだ。親として応援してやろうと思った。

そんなところにこの感染症の流行だ。バーは休業を余儀なくされ、翔太は自宅待機になって１ヶ月が経つ。これでは腐らない方が無理かもしれない。

　「だからやっぱり、お店や音楽なんてふわふわした仕事なのよ。いくら楽しくても、いざとなったらもろいもの。お父さんみたいに地道なお勤めが一番」

　パリパリとカブを噛み砕いて満子は言った。

　「そうかな。僕は、どうせこうなるならやりたいことやればよかったって思うよ」

　第三のビールを啜って光一が言った。中堅の工具メーカーに勤め、慎ましく生きてきた男。酒好きだが決して度を越すことはなく、満子と力を合わせてローンを払い続けている。

　「僕は本当は作家になりたかったんだ。学生時代は文芸サークルだったしね」

　ああ、そう、と満子は生返事する。光一は昔からことあるごとに作家への憧れを語り、このマンションを買うときも「書斎が欲しい」と言った。すでに寝室や子ども部屋は決まっていたので、満子だけ私室がない設定になったが、さして疑問を抱きもしなかった。そして満子は、夫と息子がそれぞれの部屋で好きなことをしている間、彼らの服を洗い、食事を作り、彼らが使った場所を掃除してきた。

　この18年、光一は「書斎」で何をしていたのだろう。文章を書く時間は充分にあったはずではないか。「本当は」などと、まるで何かのせいで作家になるのを我慢したように言うのは腑に落ちない。

　「だったら私だって、本当は……」

　思わず満子は呟いた。

　「本当は?」

　光一が不思議そうに目をしばたたかせた。

　「……なんでもないわ」

　満子はぐっとスープを飲み干した。

＊

　翌日のファミレスは忙しかった。シフトの人数が足りない上、近隣の飲
食店が軒並み休業したせいで客が集中した。昼休みは近くのサラリーマン
や工員で賑わい、午後からはママ友グループや老人会がお茶しに来た。皆、
緊急事態宣言などどこ吹く風だ。フロア担当の満子は、接客しながら体中
がウイルスに侵されていくような気がした。早くシャワーを浴びたかった。
　「ただいま!」
　パートを終え、一目散に帰って玄関を開けると、ハンガーラックにはいつ
もの翔太のブルゾンと、見かけないパーカーがかかっていた。
　「翔太、こんなの持ってたっけ?　それともお父さんのかしら?」
　いぶかしく思いながらも風呂場に直行する。光一は出社日でまだ帰って
いないはずだ。在宅勤務でも週に一度は会社に行かなければならない。
こんな調子ではさして感染拡大を止められないだろう。
　シャワーを浴びた満子が髪を乾かしてリビングに入ると、見知らぬ男が
ソファで寝ていた。
　「ぎゃー!!」
　満子は悲鳴をあげた。
　「うーん……」
　その声に男は目を覚まし、もぞもぞと起き上がった。
　「……あ、どうも、お邪魔してます」
　無精髭とニットキャップに空色のトレーナー。よく見るとそんなに若くはな
いが、ラフな格好が似合っている。
　「ああ、お母さんおかえり」
　翔太が部屋から出てきた。
　「翔太!　この人は誰なの!?」
　満子は翔太に詰め寄った。
　「俺がお世話になってるオーナーの原田さんだよ。店が休業になって、家

賃払えなくて、住むとこなくなったんだって。だからしばらくうちにいて貰おうと思うんだ。原田さん、これ、俺のおかんです」

男は満子に向かって深々と頭を下げた。

「はじめまして。今日からよろしくお願いします」

＊

♪A-HA A-HA YOYOYO……

音楽に合わせて腰を振り、原田（40歳）が皿を洗っていた。揺れる袖にタトゥーが覗く。リビングからその様子を眺めつつ、満子はパートへ行くための化粧をしていた。午前8時半。いつも朝は慌ただしかったが、原田が家事をしてくれることになり余裕ができた。

1週間前、「よろしくお願いします」と原田に頭を下げられた満子は、

「なんでこんなおっさんと住まなきゃならないの！」

と叫んだ。

「ババアが『おっさん』とか言うなよ！」

すかさず翔太が怒鳴ったが、

「そもそもこの人、感染してるかもしれないじゃない！」

満子が言い返し、

「ふざけんな！　差別クソババア！」

翔太は満子の胸ぐらを掴んだ。そのとき、

「ごもっともです。アーメン」

静かな声で原田が言った。

「キリスト教で使われる『アーメン』とは、『ごもっとも』という意味です」

「…………？」

原田の唐突さと妙な落ち着きに、満子も翔太も黙った。

そして原田は語りはじめた。これまでの自分の人生を。アル中の父と風俗嬢の母、貧しい少年時代。幼なじみは「やることなくてヒマだから」とヤクザになり、恋人はシンナーを吸引したままタバコに火をつけて燃えた。

最低の毎日の中、救いは音楽だった。

「地元にはいいレコード屋がなかったから、電車に乗って渋谷や御茶ノ水に行きました。同じ東京でも、荒川を越えたら全然違った。金や暴力やセックス以外のものにも価値があり、それぞれが尊重されていました。それが文化ということでした。胸が苦しくなりました。このことをもっと早く知っていたら、価値観なんていくつもあると、世界は広くて豊かだと、もっと早くわかっていたら、あいつも、あの子も、もしかしたら俺の父や母も、救われたかもしれない……」

そこまで言うと原田は一息つき、遠くを見つめた。満子が視線を追うと、キッチンの換気扇があった。そういえば掃除をサボって汚れている。しかし原田の関心は換気扇ではなく、ただそこに目を向けていただけで、そのまま「ヨォ、ヨォ」とリズムをとり再び口を開いた。

「命の価値　生きてるが勝ち　ひとりひとり　救いたいダチ
　川の向こうは So 別天地　サグい奴らも実家がリッチ
　必死で追いつき得た Knowledge　地元に持ち帰り残す轍……」

それが「ラップ」というものだとは満子にもわかったが、音楽もなしに突然やられるとゾワッとした。笑いたいような吐きたいような気持ちだった。どうしたものかと翔太のほうを見ると、目をつぶって頭を揺らしている。よくわからないまま満子もそれにならった。

こうして、突如現れた中年・原田のラップを聞き、満子は、彼がずっと地元A区に音楽の文化を根付かせたかったこと、長年の苦労の末 DJ バーを開きその夢を叶えたこと、しかし感染症の流行により頓挫したこと、けれどまだ情熱は潰えていないことを知った。最初は（悪い意味で）鳥肌の立ったラップだが、だんだん情緒とリズムに引っ張られ、説得力を感じていった。そして気がつくと、原田がここに住むことを承諾していたのだった。

「お茶が入りました」

目の前にカップを置かれ、満子は顔をあげた。原田がティーポットから紅茶を注いだ。ふわっとダージリンの香りが立った。

「うまい」

お茶を飲んだ光一が言った。帰ったら突然原田が住むことになっていた光一だが、とくに文句も言わず、すんなり同居生活を送っている。争いを好まぬタチなのだ。いや、ただたんに面倒くさいだけなのかもしれない。しかしたしかにお茶はうまかった。意外なことに、原田は料理の腕がよかった。若い頃に色々な経験をして磨かれたという。

「満子さん、すみません、これから買い出しに行くので食費を……」

　原田に言われ、満子は財布を覗いた。

「あら、昨日1万渡さなかった?」

「はぁ、でも、調味料も足りなくなってたんで」

「そう。じゃあもう1万渡すわ。でも安く抑えてちょうだい。うちも余裕はないの」

　もう手持ちがない。ATMに寄ってから出勤しよう。満子はカップを置き、いつもより早めに家を出た。

「おはよう」

　パート先のロッカールームに着くと、同僚のナミコが来ていた。ナミコは満子と年も近く、何度かお茶したことがある。

「ああ、おはよう……」

　ナミコはどこか疲れているようだった。

「どうしたの?　寝不足?」

　満子が聞くと、

「ううん。娘に食事を届けてきたの」

「あら。お嬢さん、一緒に住んでなかった?」

「今はマンスリーマンションを借りてるわ。ウイルスを持ち帰るかもしれないからって」

　満子はハッとした。そういえばナミコの娘は看護師だった。

「とにかく人手不足だから娘もくたくたで、私ができるのはせめて食事を持っていくことぐらい。もっと若くて元気な人がたくさん入ってくれるといいんだけど。資格がなくても、看護助手とかでね」

「そう……。医療現場、今一番大変よね」

相槌を打つ満子の頭に、翔太の顔がチラと浮かんだ。

「我が娘ながら、よく頑張ってるなって思うわ。でもね」

ナミコは目を逸らして言った。

「もう頑張らなくていいから、ぜーんぶ投げ出して帰ってきてほしいとも思うわ」

*

玄関を開けたとたん、音楽と楽しげな声が聞こえてきた。翔太と原田に混じって光一もいるらしい。どうやら酒を飲んでいるようだ。

──私が帰るのも待たないで……。

満子はムッとしながらシャワーを浴びた。

リビングに入ると、３人の男たちはワインを開け、色とりどりの料理をつついていた。原田のパソコンから音楽が流れている。

「まぁ。なんのパーティーかしら?」

満子は少々尖った声で言ったが、

「そう! 今日はパーティーだよ! お母さんも飲もう!」

屈託なく翔太が答えた。

「店のドネーションプロジェクトでコンピレーションアルバムを出すことになったんだ。色んなアーティストが参加表明してくれた。やっぱ原田さん愛されてるよね。実は俺らもトラック作ったんだよ。これはそのお祝い兼打ち上げってわけ」

何を言っているのかわからない。わざとわからない言い方をしているようにしか思えない。

「……つまり、店を再開する資金のために、音楽アルバムを作って売ることにしたんです。その中の一曲を、翔太くんと光一さんが手伝ってくれました」

原田がワインを注ぎつつ説明してくれた。

「原田くん、僕はこの状況を好機と捉えてる」

グラス片手に光一が言う。

「本当にやりたかったことをやれるチャンスだ。これからは文才を生かして、作詞なんかもしていこうと思う。遠慮なく僕に頼んでおくれ。ほら、若いミュージシャンは曲がよくても詞が弱かったりするだろう?」

だいぶ飲んだのか、ずいぶん調子がいい。

「原田さん、俺らの曲、お母さんに聞かせてくれますか?」

翔太に請われ、原田がパソコンをいじった。

「イェア」と翔太の声が流れ、満子はブーッとワインを吹いた。

♪ イェア　イェア　そうさ負けるな　陽はまた昇る　大事な絆　陽はまた昇る

「作詞は僕だよ」

光一が言った。

「こんなおっさんがラップなんて、と思ったけども。どうだろう、『負けるな』と『絆』で韻を踏んでいるんだが」

黙ったままの満子に、原田が料理を運んできた。鯛のポアレ、新玉ねぎのキッシュ、アスパラのサバイヨンソース。口に入れると上等なバターの風味が広がった。

「今、俺にできることはなんだろうって考えてみたんだ」

今度は翔太がたたみかける。

「こんな俺でも、何かできることがあるんじゃないかって」

満子は黙って咀嚼する。上等なバターはなんて旨いのだろう。これは満子の渡した金で買われた。その金を満子は労働して得た。誰がウイルスを持っているかもわからないファミレス。同僚の娘は医療現場で戦っている。

♪ そうさ負けるな　大事な絆

満子は立ち上がり、おもむろに口を開いた。

「あんたたち、本当にこれがやりたいの?」

「……え?」

翔太も光一もポカンと満子を見た。

「原田さん、こんなの、本気でアルバムに入れるんですか?」

満子はまっすぐ原田を見た。原田もまっすぐ満子を見た。

「そうですね。いい悪いじゃなく、創作したこと、ご縁があったことが大事だと思って」

「そう。あなたはそういう考えね。でも私はこの曲最悪だと思うわ」

　満子は翔太に視線を向けた。

「翔太。今あんたにできることは、求められている現場で働くことよ。健康な若者ならあちこち引っ張りだこだわ。こんな曲で『俺にできることを考えた』なんて言い訳でしょ。あんたはただ格好いいことがしたいのよ」

　そして光一に目を合わせる。

「お父さん。あなたもそうよ。本当にやりたいこと？　本当ってなに？　ローンを払ってきたサラリーマン生活は仮だったっていうの？　じゃあどうしてさっさと本当のことをしなかったの？　家族のため？　ふん、嘘よね。ただ覚悟がなかっただけでしょ」

　いつのまにか曲は終わり、男たちは無言で満子を見ていた。

「ねぇ、死んじゃうかもしれないのよ。自分は大丈夫でも、今日野菜を売ってくれたスーパーの店員さんは明日発症してるかもしれない。私たちの命の裏には誰かの命があるの。私たちだって誰かの命の裏なの。死ぬかもしれないし殺すかもしれないの。それがこんなにもあからさまになっちゃった中で、それでもモノを作っていける？　その重みに耐えられる？　あんたたち、なーんもないのに、原田さんの夢に乗っかっただけでしょう？」

　リビングは静まり返った。

　しばしの沈黙ののち、翔太が尋ねた。

「……じゃあ、俺は、危険な場所に働きに行けばいいってこと？」

　語尾の気弱な調子に、満子は彼の幼年期を思い出した。やはりまだ子どもだ。なんてかわいいのだろう。でも。

「自分で考えなさい」

　満子は言った。翔太がずっとかわいいままでいては、翔太がかわいそうだ。こちらがもっと早く子離れしてやるべきだった。

「正解はないわ」

翔太はうつむき、自分の部屋に入って行った。それを潮に、光一も書斎に引き上げた。

　満子は一人でゆっくりとディナーのつづきを食べた。原田は薄く音楽をかけ、空いた食器を片付けていった。

＊

「じゃあ、お世話になりました」

　身支度を終えた原田は、小さな声で満子に言った。

「挨拶はしていかないの?」

　満子も小声で聞く。

「まぁ、このほうがいいですよ」

　深夜1時を過ぎていた。もうバスも電車もない。原田はどこへ行くつもりだろう。満子が問うと、

「どこかには行けます」

　と笑い、そっと玄関の戸を開けた。満子もエントランスまでついていく。

「満子さんのさっきのリリック、めちゃくちゃドープでした」

　原田は拳を突き出した。アメリカ映画などでよく見る挨拶だ。

「俺は、自分が死ぬかもしれないし、誰かを殺すかもしれないってとこも含めて、音楽が好きです。そんぐらい危険なもんだからこそ、人を救えるんだと思います」

　満子も拳を突き出した。

「あなたの料理もおいしかったわ。ぜんぜん食費を抑えてくれなかったけど、さっきのサバイヨンソースは最高だった」

「ああ、あれはベトナムにいたときフランス人から教わったんです」

「そう。いいわね。どこにでも行けて」

「また店開けたら遊びに来てください。それじゃあお元気で。生き残りましょう」

　原田はくるりと振り向くと、誰もいない街へと歩き出していった。

その後ろ姿を眺めながら、満子は思い返していた。さきほど翔太や光一に投げた言葉は、かつて自分に向けたものだ。色んなことがやりたかった。もしかしたら色んなことが向いていたかもしれなかった。だけど覚悟ができなかった。そして自分をがんじがらめにし、どこへも行けなくしていた。

　今、私は何がやりたいのだろうと思う。何が好きなのだろうと思う。すると、今までの日々がたまらなく愛しく見えてくる。ちっとも理想通りではない自分のことが大好きだったと気づく。

　生きていたいと思う。それがとてもむごたらしく、誰かの死と隣り合わせの行為だとしても。

　人の消えた春の夜は幻のように美しく、満子はぼんやりと眺めていた。

あとがき

　この小説は2020年4月に書きました。2020年12月下旬の現在読み返すと、ウイルスの捉え方や感染症対策など、既に「古い」ところがあります。

　それは執筆時点で予想していたことではありました。COVID-19とは関係ない物語にした方が安全だろうとも思いました。

　しかし、これは私の個人的な事情ですが、生業（自作の紙芝居で巡業しています）がすっかりおじゃんになった時期だったので、この状況の自分がコロナなんか関係ないような話を書いても、なんだか、お尻を拭かないくせにお化粧しているような感じがしました。

　それにこの小説は、『福音と世界』のヒップホップ特集でご依頼されたものです。編集者さんからいただいたメールには、「アメリカヒップホップや日本語ラップのいまを『救い／福音』という視点から切り取ることをめざす」とありました。それならば、いまこの時のリアルに根差したものを書かなくてはと思いました。

　したがって、刊行時期に合わせて表現を変えることはせずそのまま掲載します。

　この数ヶ月で世の中の状況は色々と変わりました。これからも変わっていくでしょう。

　でも、この時の私のリアルは変えられないし、なかったことにはできません。

Chapter 2

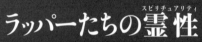

ラッパーたちの霊性（スピリチュアリティ）

6人のラッパーたちは正直に、そして大胆に自身の人生と胸の内を語っている。16小節に込められたギャングスタ・ラップの深層、変わりゆくかけがえのないリアル、フッドと自己の新しい関係、偏見との闘いと信仰心、分断を超えて仲間であり続ける技法、生活で培われたしなやかな知恵。ここに立ち現れるのは、彼、彼女らと、私たちが今を生き延びるためのスピリチュアリティである。

16小節の解放区

BADSAIKUSH

取材・文＝二木信

〝俺にとってはリリックを書く行為が
ヒップホップなんだってわかった。〟

"クソガキ"の決断

「舐達麻は、地方の、何の才能もないクソガキなんですよ、元々は」。
BADSAIKUSH（バダサイクッシュ）は衒いなくそう語った。舐達麻は、埼玉県
熊谷市を拠点とする、BADSAIKUSH、DELTA9KID（デルタナインキッド）、
G-PLANTS（ジー・プランツ）の3人のラッパーを主要メンバーとするヒップホッ
プ・グループ。2019年以降、音楽／カルチャー系のウェブ・メディアや雑誌
などに大々的に取り上げられ、プロレス／格闘技雑誌の表紙を飾り、さらに
地上波の音楽情報番組にも出演している。この1、2年の日本のヒップホッ
プにおいて最も注目されているグループと評しても、異論を唱える者はいない
だろう。それゆえに、彼の発言を謙遜と受け取ってしまいかねない。が、こ
れは彼の本音であり、BADSAIKUSHが生粋の"クソガキ"だったのも事実
だ。2012年、これほどの注目を集める以前に彼らは「舐達磨's」名義で『R17
JOINT LIKE A BULLSHIT』という作品を発表している。当時の資料を見る
と、500円のワンコインでの販売を謳っている。ここに収められた「STOP 籠原
NOT RETURN」という曲で、当時22歳の「賽」名義のBADSAIKUSHが
ラップするのはこんな内容だ。

　　　埼玉北部ここで育ち似たり寄ったりの景色が光

　　　何もねえ町でもシャバならまだいい

　　　ツレと描く物語　生い立ちから裏路地　俺の話

　　　恐喝　詐欺　旨い飯ありつき

　　　下手打ちゃ　マズイ飯喰らい

　　　俺やダチ　そんなん日常茶飯事

　　　片親　クソガキ　近所の白い目

　　　ずっと見てきたしがらみや欲

　　　儲けとリスク　天秤にかけず

バカなヤツはこっからすぐ落ちる

恐怖とカネ　暴力でピンハネ

死んだ目もここでなら慣れる

無修正　見える暗い部分

町のサイクル　それをかいくぐる

俺と仲間とヤクザとMY HOOD

当たりがでけえ　保証がねえ分

闇とリンク　重くなるリスクとサイフ

なあ　これがTHUG LIFE？

さびれた町　深谷から揺らす

どんなにTHUGでもけっきょくカス　だろ？

スモーク　目を逸らす

今日も不満で声を嗄らす

　1990年3月に生まれたBADSAIKUSHこと細谷雄太は、1996年、埼玉県の深谷市立上柴西小学校に入学している。小学1年生でサッカーを始めたものの、早くも小学3年ぐらいからサッカーは彼が活躍できる場ではなくなっていく。「はじめたときは楽しかったと思うんですけど、そっからつまらなくなって。けど、毎日のルーティンに組み込まれてることってやってしまうじゃないですか」[1]。また、特別に勉強ができる少年でもなかったという。

　小学校卒業後は近隣の深谷市立上柴中学校に入学。そこで、同中に入学してきたDELTA9KIDと出会っている。当時、両親はすでに離婚、別れた父親から養育費を受け取っていなかった母親は4兄弟を女手ひとつで育てるために必死で働き、家にいる時間は短かったため、親の目を盗むまでもなく「好

1　「舐達麻が舐達麻たる由縁！ 高純度を追い求めた〈血・肉・音〉」『VICE』記事＝我孫子裕一／ Yuichi Abiko（https://www.vice.com/ja/article/k7qqme/namedaruma）【最終アクセス2020.12.10】

き放題できた」[2] という。そして、両親が共働きで同じく家にいないことが多かった DELTA9KID と BADSAIKUSH は共に学校というシステムから逸脱し始め、同年代の仲間たちと町で出会い、暴走族に加入することになる。中学3年の頃のことだ。大人や一般社会からは "非行" と定義されるだろうが、彼らにとっては刺激的な "冒険" だったに違いない。その冒険はさまざまな犯罪行為を伴った。10代前半から彼を可愛がってくれた4つ上の先輩たちは、のちに全員ヤクザになっている。そうした環境を考えれば必然だろう。中学3年ですでに車を所有していた2人は高校生の女性と3人で共謀し、群馬県伊勢崎市のラブホテル街でいわゆる "援交狩り" で荒稼ぎをしていたという。

　中学を卒業した2人は、高校に入学するものの、すぐに退学。17歳ぐらいでは、支配人と彼の先輩が組んで設定を変えた台のあるパチンコ屋でサクラ／代打ちの "バイト" などを行うが、そこで生じたトラブルでむしろ先輩から、10代の少年にとっては多額の金銭を要求されたこともあった。彼らをそうした経験に直面させたのは、地元の埼北 (埼玉県北部) の共同体に根を下ろした暗黙のルール＝掟であり、それは10代の無力な少年たちが簡単に覆したりできるものではなかった。「そういう文化でしたね。それは、もうカッコイイとかじゃないじゃないですか。だから、自分たちも同じことをするしか無かったって考えでしたね」[3]。

　同じ頃、G-PLANTS が先に所属していた49 (フォーティナイン) という、旧車會なども構成団体に連なる "ヒップホップ・ポッセ" に BADSAIKUSH と DELTA9KID が加入。2009年初頭頃から DELTA9KID はラップを始めるが、その一方で10代後半の彼らは、窃盗車を運転し、埼北全域で金庫泥棒をくり返していた。そして2009年6月3日、舐達麻の楽曲で頻繁に歌われ、また本人たちが各所で語ってきた、3つ年下のラッパー 1.0.4 (トシ) の死に直面する。金庫泥棒の際に複数のパトカーなどに追われ、DELTA9KID が140キロ

2　同上。

3　同上。

の猛スピードで運転する車から車外に放り出された1.0.4は命を落とす。すでに20歳を迎えていたDELTA9KIDは、自動車運転過失致死傷と道路交通法違反などの罪で4年の実刑。早生まれで19歳だったBADSAIKUSHは、少年院に1年間入ることとなる。

そうした2人の不在の間にG-PLANTSとD BUBBLES（ディー・バブルス）が結成したのが舐達磨'sだった。そこに少年院から戻ってきたBADSAIKUSHが加わり、49から舐達磨'sは独立する。出所後、BADSAIKUSHは「先輩から大麻を買おうとしたら覚醒剤を渡された」という。そして、それがきっかけで約2年もの間、覚醒剤を注射器で打ち込む日々が始まる。いわばシャブ中だ。覚醒剤の使用が日本の法律で禁止された犯罪行為である以前に、強力な薬効の性質上、この薬物が褒められたものではないのは経験者の多くが口を揃えて語ることである。

だが皮肉なことに、この経験がなければ、ラッパーBADSAIKUSHは誕生していない。というのも、覚醒剤を覚えて3回目の使用の際に、リリックがあふれ出し止まらなくなったというのだ。それは、どうしてもわからなかったリリックの書き方を会得した瞬間だった。「俺もみんなみたいにラップやりたい、リリック書きたいって気持ちがあったけど書き方なんて全然わかんねーし。でも、そんなときに書き方がわかったんです。そっから一生始まった」[4]。

この経験が"地方の、何の才能もないクソガキ"のヒップホップの始まりだった。並行して、暴走族時代の、ヤクザになっていた先輩たちから面倒を見られ、料理上手の組長に手料理を振舞われ事務所で寝泊まりもしていたという。その流れで組に入る誘いを受けたBADSAIKUSHは、刑務所で服役している親友のDELTA9KIDに相談の手紙を出した。「ガキの頃と違って、接待室に通されて「お前もなれよ」って言われたんです。それで広井（DELTA9KID）に「どうする？　お前がやるなら俺もやる」って手紙を出したら、広井が「それは

4　「舐達麻の生態系」記事＝新見直『KAI-YOU Premium』（https://premium.kai-you.net/article/92）【最終アクセス2020.12.10】

やめよう」と言うからやめたんです」[5]。

　BADSAIKUSHは親友とともに、ヤクザではなく、ヒップホップで生き延びる道を選ぶことになるのだった。

埼北ローカルのギャングスタ・ラップ

　2011年3月の東日本大震災と福島第一原発の大惨事の約1年半後、2012年8月中旬に舐達磨'sは『R17 JOINT LIKE A BULLSHIT』を発表した。日本の地盤と社会をまさに根底から揺るがした大震災と公害事件の影響を受け、埼北のストリートのBボーイたちは「F.L.Y DAY~NO NUKES」というクローサー・トラックを作っている。「R17」とは埼玉県を突っ切る国道17号を意味する。そしてこの作品では、ローリン・ヒルやギャング・スター、ケニー・ドープといった90年代のアメリカのヒップホップのクラシック（名曲）のビートが積極的に選び取られた。それは、BADSAIKUSHが少年院から出てきたのち、2010年頃から、それまでの人生で初めて真剣に音楽に向き合った結果だった。

　「少年院から出てきたあとにいろいろレコードを買い漁っていたんです。ボブ・マーリーとかのレゲエも聴いたりして。それで俺が行き着いたのは、90年代のアメリカのヒップホップ最強説だった。90年代には伝説的なラッパーがたくさんいるわけですよね。2パック、ビギー（ノトーリアスB.I.G.）、モブ・ディープ、そんなヤツらが人生をストラグルしながらラップして、クラシックを生み出したのは20歳前後から20代前半じゃないですか。「俺は今そいつらと同じぐらいの年齢、同じような環境でラップができる。さらに、ヤツらが真剣に向き合ったのと同じクオリティのビートのレコードが手元にある。じゃあ、あとは俺のラップ次第だ」。そういう意気込みでラップしていた」

5　同上。

〝俺はヤクザよりヤクザみたいな
見た目かもしれないけど、
マジなラッパーだから。〟

BADSAIKUSHは、90年代のアメリカのインナーシティにおけるアフリカン・アメリカンのストラグルと自分の人生の葛藤を重ね合わせた。そして、"さびれた街"と"似たり寄ったりの景色"が広がる埼北での経験から湧き上がる怒りや不満を前のめりの姿勢で吐き出したのだ。DJプレミアが、デトロイト出身のラッパー、ロイス・ダ・ファイブ・ナインの出世作「BOOM」(1999)のために制作したビートを使用した「STOP 籠原 NOT RETURN」では、熊谷という地方都市から日本のラッパーの王座を狙いに行く血気盛んな"ヤングガンズ"の血を滾らせている。

　「当時はラップを始めたばかりだったし、当時売れていたラッパーに対して「お前らがナンボのもんじゃい」ぐらいの勢いで悪さ自慢したくてしょうがなかった」と語る。そうした若さは、人生の転機となるさまざまな出来事を招き寄せる。同じ頃、仲間たちと勢いで訪れた旅先の北海道で、マリファナとビートの強烈な体験をする。

　「22、3歳の頃の話です。TIPさん(ティップ。MUSASABI〔ムササビ〕というグループのラッパー)は歳が7個上ぐらいの地元の先輩ですけど、そのTIPさんのさらに先輩が、札幌のタワーマンションを何部屋も借りて大麻を栽培していた。で、その人から栽培の方法を教えてもらったんです。それは、俺たちのマリファナのルーツになるぐらいだからめちゃ美味かった」

　その品種の名前がAPHRODITE(アフロディーテ)だった。舐達麻が所属し、彼らがけん引するレーベル／ファミリー「APHRODITE GANG(アフロディーテ・ギャング)」はその品種に由来する。

　「美味いウィードを持っていれば、町のキーマンにもなるじゃないですか。それでその先輩に札幌のいろんな場所を案内してもらった。そのときに、「プレシャス・ホール」(札幌のダンス・カルチャーを象徴するクラブ)や「GHETTO」(ヒップホップのクラブ)にも遊びに行って。何よりもプレシャス・ホールでの経験がデカくて、俺はそれまでのビートの価値観を完璧にぶっ壊された」

　曰く、「俺の解釈では90年代のヒップホップを更新したアブストラクトなビー

ト」がその夜の暗闇のダンスフロアで鳴り響いていた。90年代のアメリカのNY
を中心とする北部の"正統的なヒップホップ"に2、3年間熱中していた20代
前半の若者にとって、それが衝撃だったのは想像に難くない。"ビートの価値
観をぶっ壊される"とは、「音楽の趣味が変わる」などというお手軽な話ではな
い。BADSAIKUSHは言う。「大麻と向き合ってリリックを書く時は人との対話
とは違って言葉による問いじゃなくて、ビートが問いになって答えが自分の中
から湧き出てくるんです」[6]。"ビートが問い"とはラッパーの至言だ。問いが変
われば、答えも変わる。それは世界の捉え方の刷新を意味する。

　そうした体験を反映し、複数のビートメイカーらと価値観を共有して作り上
げたのが、ファースト・フル・アルバム『NORTHERNBLUE1.0.4.』(2015)
だった。「ESTETIKA」や「frequencies」(共にビートはBARZ〔バーズ〕)など
は、90年代のアブストラクト・ヒップホップと共通する重厚さがある。また、
"LAビート以降"の海外のビートメイカーがネット上で盛んに作品を発表し
ていた、2000年代後半から10年代中盤のシーンとの同時代性が感じられ
る。当時は世界的にヒップホップのサウンドの変化の時代だった。若かりし
BADSAIKUSHは、そうしたビートに剥き出しの言葉で真正面からぶつかっ
た。

　　四六時中 鳴る音 Rep 煙たい所 24時間
　　Abstract BarzBeatz HIPHOP 繰り返しの中毒
　　あるだけ出して月末の集金で収束
　　素面じゃなきゃ最悪　それだけで良い
　　その日暮らし　すぐ隣臭い飯だからマシ

　　　　　　　　　　　　　　　　　　　　　　　　　　　「frequencies」

6　筆者によるインタビュー「「たかだか大麻」舐達麻がブチかますコンプラ無視の超大麻論」『サ
イゾー』(サイゾー) 2020年12月号、p. 35。

〝俺は、真実を伝える信念を持った表現者が
自分の町ご隣の町に10人ずつでもいれば、
世の中は少しずつ変わっていくご思っている。〟

こうしたリリックからはドラッグ・ディール（麻薬売買）を生業にしていた頃の日々の焦燥感が如実に伝わってくる。また、当時のBADSAIKUSHがラップする原動力としては、日本のヒップホップで評価されていたアーティストに対する対抗心も大きかった。

　「かつて（大麻を）大量に売り捌き始めた頃に日本のハスリング・ラップを聴くようになって、マリファナを売ることをハスリングって表現すること、ヒップホップとマリファナが密接な関係にあることも知った。そうしたラッパーの人らには超リスペクトしかないんですけど、あえて言わせてもらうと、「0.8で売る」とか「1グラムで売る」みたいな歌詞があってマジで驚いた。10歳ぐらい上のラッパーが、俺らよりレベルの低い、そんな量のディールをラップして、「日本語ラップの最前線」とか評価されていたから。「これでギャングスタって言えるの？　俺らのほうが絶対ヤバい」って思ってた」[7]

　いわば『NORTHERNBLUE1.0.4.』は、日本の北関東というローカルに生息する若者が、LAビート以降と呼ばれるグローバルなビート・ミュージックの潮流を直感的に受け取り創造した、埼北ローカルのギャングスタ・ラップだったのだ。

俺は輩とは違う、ラッパーだ

　　今居る場所が娑婆でも
　　保釈の身はまるで自分自身が柵（しがらみ）の鎖
　　繋がれた逝かれた国

「LIFE STASH」

7　同、p.33。

こうして舐達麻のスタイルを確立して、活動を軌道に乗せ始めたBAD SAIKUSHだったが、2017年5月に大麻取締法違反で逮捕されてしまう。約1年の実刑判決が出たのち、収監までの6週間あまりの保釈中、すべてを投げ打ってリリックを書き、ラップを録音したという。限られた時間をそこまで創作に捧げた理由は何なのか。

　「それは、リリックを書く行為が俺のヒップホップだからです。6週間後に俺は死ぬわけです。仲間や家族といった俺のことを好きな人のために、できるだけ多くの言葉や曲を残しておきたいという気持ちだった。それで、家のリビングにマイクを置いて、朝起きたらリリックを書いてラップをREC（録音）していた。そこで、ラップについて学んだこともあった。たとえば、俺が自分のリリックで完成度が高いと思っているのは「TIMELESS」なんです。それは、文字として並べた時の美しさも突き詰めて書いているから。でも、世間の評価はそこまで高くない。一方で、とにかく多くの曲を残すために、文章として作り込むのではなく、そのときの感情を吐き捨てるようにラップした曲が、その後高く評価されたりもした。「FUTURE」や「LIFE STASH」がまさにそうです」

　「こんなクソみたいな世の中で／大体クソみたいな謳い文句が徘徊」「もう大丈夫／ここは解放区」（「FUTURE」）や「俺は輩とは違うRapperだクソ野郎／たかだか大麻 がたがた抜かすな」（「LIFE STASH」）などは、そうした環境や状況から出てきた言葉だった。彼は、後者のリリックについて、当時の怒りの感情を思い出したかのように熱を込めて語る。ちなみに、出所後の2018年8月15日にはDJ MASH（マッシュ）が、彼が保釈中や逮捕前に作った4曲を含む舐達麻らの楽曲をミックスした『LIMITER CUT Ⅲ』を発表している。

　「俺はある特定のことに対して書いたリリックが多い。逮捕されて、マル暴の刑事が俺の担当になったんです。でも、大麻の所持で逮捕した俺みたいな小僧に対して、なんでマル暴が出てくるんだよって。「俺はヤクザよりヤクザみたいな見た目かもしれないけど、マジなラッパーだからな」って。そういう気持ちをぶつけたラインだった」。"マル暴"とは暴力団等の犯罪を取り締まる、組

織犯罪対策部局下の捜査4課の俗称だ。この直接的な反警察のリリックはつまり、「俺はただのアウトローじゃねえ。芸術家だ」という、ラッパーとしての誇りの表明である。さらに、警察や法律への怒りをぶちまけたリリックの真意についてこう語った。

「なんで俺が「たかだか大麻 ガタガタ抜かすな」ってラップするかというと、中学の頃から犯罪行為に手を染めて、常に"対警察"で生きてきたから。盗んだナンバーを付けた車に乗って遊びに行ったり、人をブッ飛ばして金を奪い取ったり、金庫泥棒をしたり、すべてが犯罪でリスクしかない。そんなことをするのは俺らが田舎の不良のガキでアホだったから。だけど、ただのアホじゃない。別に今振り返ってそういう犯罪を肯定するとかはないですけど、すべてのリスクを理解した上で犯罪をしていた。俺らにはそれしかなかったし、それが生活だった。だから、大麻を売りさばくのなんてイージーな犯罪なんだって捉え方だった。なぜなら、仮に今、俺がここで大麻を吸っても、大麻取締法では所持罪しか問えず使用は処罰できないから、吸い切れば逮捕されない。もしくは、売り切って手元になければ証拠もない。しかも言い古された意見ですけど、大麻を売ったところで誰も傷つけない。それで「たかだか大麻」なんです」[8]

もちろん、日本において大麻は大麻取締法で厳しく規制されている。だが一方で、世界の一部の国や地域では合法化／非犯罪化、医療目的の使用の見直しが進んでいる。さらに 2020 年 12 月に入り、国連麻薬委員会は、大麻を「最も危険な薬物」リストから除外することを決定した。また、大麻を通じてアメリカの歴史を再定義した Netflix のドキュメンタリー『グラス・イズ・グリーナー』が鋭く指摘したように、権力や体制側の思惑や人種差別などによって大麻が犯罪化されてきた歴史がある。そのため大麻の犯罪化を自由、人権、感性への侵害という人権問題として捉え、解禁を訴える社会

8　同上。

運動も存在する。「たかだか大麻 がたがた抜かすな」は、日本では非合法である大麻の愛好家や大麻の非犯罪化などを訴える人などを巻き込み、2018年後半から2019年にかけてヒップホップ・シーンを越えてネット・ミーム化した。BADSAIKUSHは言う。「俺たちにとって大麻は神秘的なものだし、ウィードをたくさん吸うと人間が丸くなる」。舐達麻の"大麻信仰"と言えるほどの強い想い、そしてそこから生まれた祈りの込められたリリック、大麻への愛を堂々と表明する勇気が、彼らの現在の絶大な人気へと結びついているのだ。

　結果的に、BADSAIKUSHが保釈中に録音、出所後の2018年10月30日にYouTubeにMVが公開された「LIFE STASH」（prod. 7SEEDS〔セブンシーズ〕）は、再生回数を伸ばし、2020年11月末時点では680万回以上の再生数を超える、舐達麻の代表曲となった。そのMVが舐達麻の存在を決定的に印象付けた。トタンに描かれたカラフルなグラフィティの前で佇む3人、うらびれた繁華街、机の上にぞんざいに積まれた大量の万券、キャバクラの巨大看板と木造建築のやきとり屋。ここに映し出されるのは、国内外問わず一部のヒップホップのMVが表象する豪奢な都市生活やスタイリッシュなライフスタイルではない。羽振りは悪そうではないものの、むしろ積極的に提示しようとしているのは、そうした華やかさや軽快さとは異なるこの国のローカルな人生と現実である。

　「今の日本のヒップホップのMVには物語やストーリーを付けることを諦めて、なんとなくカッコいい映像を編集して繋ぎ合わせているものが多いじゃないですか。ラッパーの俺からすると、それはラップのリリックに中身がないと言われているのと同じ。金をかけてキレイな映像を作ることと、ヒップホップ的にカッコいい映像を作ることは全く別のこと。実際あれが当時の俺らの日常ですよ。美味いウィードが3種類ぐらいあったから、5本ぐらい巻いて、大麻堂とかに行けば買えるようなアレ（吸引器具）で吸っていた。さらに、熊谷の街並みと俺らのファッションですよね」

　監督は舐達麻が信頼を置くヒップホップ・プロデューサー、タイプライター

が務めた。BADSAIKUSHが着用するKarl Kaniのセットアップは、ブルックリン出身のデザイナーがLAで立ち上げ、ビギーやナズといったラッパーをモデルとして起用した、90年代から00年代前半のヒップホップ・ファッションのアイコンとなったブランドだ。日本ではヤンキー・ファッションとしても定着した。BADSAIKUSHはそのブランドをあえて着込み、90年代から現在まで連綿と続くヒップホップの歴史への敬意と、自分たちが煌びやかな都会ではなく何の変哲もない地方都市から登場した、ヒップホップとヤンキーのカルチャーを背景に併せ持つ"埼北のクソガキ"であることを主張したのだった。

「そういう集団の日常が映像化されたMVを観たヤツらが「舐達麻はクソヒップホップしてるぞ」って反応して、俺らはバズったわけですよ」

16小節の解放区

「LIFE STASH」で埼北ローカルのリアリズムを広く知らしめ、これまでにない評価と人気を獲得した舐達麻は、BADSAIKUSHが出所後はじめて録音した「FLOATIN'」を2019年1月15日に発表する。以降、舐達麻に数多くのビートを提供していくビートメイカー、GREEN ASSASSIN DOLLAR(グリーン・アサシン・ダラー。以下、GAD)との最初の共作だった。

BADSAIKUSHは収監前からSoundCloudなどで海外のビートメイカーなどにもコンタクトを取り、流行に惑わされず、自分の理想とする"ビート=問い"を貪欲に探し求めていたものの、なかなか良い出会いに恵まれなかった。

「俺の頭の中で具体的に音は鳴っているんだけど、そういうビートを作れるビートメイカーと出会えていない。そういう感じです」。そんな彼が2018年6月に出所しDJ BUN(ブン／7SEEDS)の紹介で出会ったのが、盛岡に住むビートメイカー、GADだった。「俺が探していたヤツだと思った」と断言する。GADから送られてきた20曲ぐらいのビートの中から彼が選んだのは、イタリアの作曲家ジジ・マシンのアンビエント「CLOUDS」(1986)がサンプリングさ

たものだった。ビョークや、折に触れてBADSAIKUSHがリスペクトを表明するビートメイカー、故・Nujabes（ヌジャベス）が「Latitude（Remix）（feat. Five Deez）」（2002）でサンプリングしたのがまさに「CLOUDS」だ。すぐにラップを乗せたプリ・プロダクションのデータをGADに送り返したが、意外にも本人はそこまでの手応えを感じていなかった。

「ムショから出てきたばかりで、とにかく頑張ってリリックを書いてラップしたけど、いいラップができているかは客観的にわからなくて。ムショに入ると、ラッパーとしてのスキルが下がって、しかも回復できなくなる。いちどヤク中になると一生リハビリなのと似ている。だからラッパーはあまり捕まっちゃいけない」

アンダークラスのアフリカン・アメリカンの過酷な現実を反映したギャングスタ・ラップの宗教性を描いた『ヒップホップ・レザレクション』の著者である山下壮起は「FLOATIN'」の歌詞に言及し、こう論じている。「BADSAIKUSHが「事件現場1.0.4／コンクリート突っ込む140km／最後の会話『後ろ見とけ、後ろ！』／今先しか見てない」とラップするのは、仲間の死を自らの身に帯びながら共に生きているからだろう。そして、その「先」に見ているのは、懺悔に対する赦しから見出される新しい世界なのではないだろうか」（本書18ページ）。

この曲でBADSAIKUSHが主題にしたのは、若かりし頃の金庫強盗と1.0.4の死である。そうした経験との向き合い方について、淀みなく、強い意思をもって彼は語る。

「俺らは強盗や恐喝といった悪いことをさんざんしてきた。法律を犯したからじゃなく、人を騙したり傷つけたりするのはやっぱり悪いことじゃないですか。そうした俺らがやってきた悪さを一生非難し続ける人がいるかもしれないし、その償いなんて簡単にできない。1.0.4が死んだときに、1.0.4の母ちゃんが俺と広井を「お前ら先輩が、息子を犯罪に巻き込まなければ死ななかった」と責めてきたら、真摯に受け止めるしかなかった。それでも俺の人生は俺のものでしかないから、言い分はありますよ。でも幸い、1.0.4の母ちゃんは俺らにそう

いうことは言わなかったんですよ。ぶっちゃけ本心はわからない。人の心なんで、それはそうじゃないですか。だけど俺らと1.0.4の母ちゃんとは一緒に旅行に行ったりもするし、「猫飼いたいから探して連れてきて」と頼まれたりするような関係なんです。俺らからは1.0.4の母ちゃんに金を渡している。金で解決できることではないってわかっていますよ。金は手段だから、金そのものに意味はない。でも、それで少しでも人の役に立つのであればそういうこともする。たまたま俺らと1.0.4の母ちゃんの関係が良かったからいいけど、俺らがやったみたいな犯罪で仲間が死んで、相手の家族に憎まれて生きているヤツだっていると思うんです」

　　いつまでもあのままの1.0.4
　　取り損ねた金額分今頃に回収
　　お前のいない分　俺たちの多い取り分
　　お前の母ちゃんに　渡す
　　それは夢見るLEGAL
　　やる事を探す　揉め事をかわす　面倒を片す
　　熱りを冷ます　気に入らない奴はぶちかます

「FLOATIN'」

　この曲でのBADSAIKUSHは、たしかに山下が言う通り、「徹底した正直」によって向き合った過去の犯罪や仲間の死、自身の内面をラップに昇華している。それは、刑務所から出てきたばかりの解放された精神状態と、そしてGADが作り出した、人の魂を慰撫する柔らかいビートと無縁ではなかったのではないか。一方で、BADSAIKUSHの「徹底した正直」において無視できないのは、1.0.4の死への想いから漂うメランコリックなムードを切り裂く勢いで「気に入らない奴はぶちかます」と暴力性を剥き出しにした衝動的な言葉を叩きつけることだ。ラッパーRYKEY（リッキー）との共作EP『MARY JANE』

（2019）の収録曲「Roots My Roots」の中ではこう歌っている。

> 舐めた奴の　顔面　蹴り飛ばした
> 歌い終わった　マイクで　殴った頭
> 散々にやられた　簡単さ　やるやられるは
> music hustlerだ俺は Motherfucker

　舐達麻やBADSAIKUSHの音楽は一見センチメンタルに聴こえるものの、彼はいまだ、熊谷のストリートで鍛え上げた冷徹な現実認識に基づいて、情緒を排した乾いたリリックを綴り、ラップしている。

　「俺がステージ上でブチ切れてる映像を観たヤツが「バダサイはヤバいヤツだ」とか言うけど、それは俺をブチ切れさせるような行動を取ったヤツがいたからじゃないですか。仮に俺に丁寧に接してくるヤツがいれば、同じように俺は相手に優しく話します。そいつの個性や芯はあるとしても、人間ってそういう相手との関係によって変わる面があるものですよね。

　そもそも俺らがやっているヒップホップは、"チル"とか"ローファイ"とかいろいろ言われるけど、犯罪者の経験をラップしてきたという点においてギャングスタ・ラップ以外の何物でもないですよ。生活がイリーガル（違法）だったとしても、表現はリーガル（合法）。それがギャングスタ・ラップじゃないですか。ただ、リリックの書き方が変わってきた面もある。犯罪の描写を16小節の中でやり切るには必要な言葉数が多すぎて、ひとつの犯罪にまつわるすべてを描写しようとしたらキリがない。だから、今はもっと自分と向き合って、内面から湧き出てくるありのままの言葉を書いてラップにしたい」

　GADのビートが彼の琴線に触れたのは、これまでのどのビートよりも暴力衝動を鎮め、内面と深く向き合う行為へと導いたからと捉えるのは深読みが過ぎるだろうか。とはいえ、"チル＝CHILL"とはマリファナを吸ってリラックスした状態を意味するスラングだが、仮にチルしていてもBADSAIKUSHが緊張

感を欠いた文章を綴ることはない。

「それは、リリックの書き方を覚えて、ヤクザにならないって決めてからずっーと、ヒップホップとは何かについて考えてきて、俺にとってはリリックを書く行為がヒップホップなんだってわかったから。でも最初は、俺みたいな田舎のクソガキが、ヒップホップっていう歴史のある音楽の世界に足を踏み入れることなんて、畏れ多いって感じだったんですよ」

ヒップホップについて語るとき、彼は少年のように目を輝かせ、表情が一層引き締まり語調が熱を帯びる。

「俺は歌が上手いわけじゃないし、むしろ音痴ですよ。スポーツや勉強ができたわけでもないし、何かしらの才能があるヤツでもない。だから、自己卑下とかじゃなくて当たり前の認識として、俺らは凡人なんすよ。だからこそ、俺らはヒップホップを真剣にやっている」

こうしてヒップホップに向き合ってきた舐達麻は、2019年に「LIFE STASH」や「FLOATIN'」などを含むセカンド・アルバム『GODBREATH BUDDHACESS』を発表、グループとして決定的な評価を獲得する。「神の息吹とブッダの試練」を意味するタイトルは、地元の先輩であるDJ AK（エーケー）との未発表曲のタイトルに由来するが、BADSAIKUSHは、3年もの間リリックを書き続けたものの、遂には完成に至らなかったという。

「16小節のうち8小節、12小節ぐらいまで書いたけど納得できないとか、15.8小節までは書けているけど、どうしても0.2を埋める言葉が思い浮かばないとかあるんです。それで完成できずに世に出せていない曲のほうが実は多い」

「リリックを書く行為がヒップホップ」と即座に答えるラッパーは珍しい。それはつまり、書くことが生きることと答えているのと同義である。そんなBADSAIKUSHは、「間違ってることを正しいと歌わない」（「Roots My Roots」）という、自己正当化を否定した "リアルの追求" を表明する印象深いリリックを残している。

「ラッパーでも政治家でもどんな職種の人でも、時には間違ってることを正し

いかのように言いますよね。それは格好を付けたり、体裁を整えたり、見栄を張ったり、自己正当化したりするためだけど、結局は嘘じゃないですか。それであの曲のいちばん最初のラインで、俺はラッパーとして真っ当なことを言ったんです。俺の曲をすべて聴けば、俺が何を考えているのかはわかるはずだし、「間違ってる事を正しいと歌わないからラッパーとして信用しろよな」って。

　俺は、真実を伝える信念を持った表現者が自分の町と隣の町に10人ずつでもいれば、世の中は少しずつ変わっていくと思っている。そういうヤツらがたくさんいて、それぞれが勝手に自分たちの現実や経験を言葉や文章や芸術として残して歴史を作っていけば、大きな力を持った誰かが言うごまかしの歴史や嘘を誰も信用しなくなるし、そんなもの通用しなくなっていくじゃないですか。大麻が日本の法律で禁止されていることもそうです。こういう考え方が理想論だっていうのもわかっていますよ。でも俺はそれぐらいのつもりでラップしているんですよ」

　舐達麻が2020年7月28日に発表した「BUDS MONTAGE」(Prod. GAD)は、YouTubeの再生回数が2020年12月初旬時点で1000万回を超えるヒットを記録し、より幅広い層に彼らの存在を知らしめた。

　　精一杯にやった　未だに奴は檻の中
　　言われ尽くされてる　そんな言葉が核となる人生はクソだ
　　俺は俺だが お前と俺で 俺になる

　「いまだに俺らの身内や周りでは、ちょっと見かけないヤツがいると、「あいつ、捕まってるよ」っていう会話になるんですよ。俺らは今こうして有名になって人気も出て、傍から見れば順風満帆に見えるかもしれないけど、そういうことが起きてしまう環境はまだ変わっていないし、それが良いと思っていないってことを伝えたかった。そういう言われ尽くされた会話が中心になる人生なんてクソだってことです。だから俺は、自分の周りの環境を良くすることで、シンプルに

みんなが幸せになればいいと真剣に考えているんです」

　BADSAIKUSHは、掟や法から逸脱するアウトローとして強い結束力を持つクルーを形成し、人びとを魅了する希代のラッパーとなった。「他人の音楽を聴いて救われることなんてない」と彼は最後に言った。そんな、悪漢であり、救世主である芸術家を人びとがすぐさま神話化してしまうことは歴史が証明している。それに抵抗する唯一の方法は、生き続けることだ。BADSAIKUSHは、リリックを書き、ラップすることで、安易な神話化を否定していくに違いない。そして、私たちが彼から得られる教えは、16小節の中に解放区を作り出すことができ、それは現実を変える力を持つということである。

　少年時代から20歳前後までに関する記述は、注で示したものに加え以下を参考資料としている。
　「舐達麻の生態系」記事＝新見直『KAI-YOU Premium』（https://premium.kai-you.net/article/92）【最終アクセス2020. 12. 10】
　「ROOTS MY ROOTS」記事＝Yaminoni『DAWN N°1』（2019）p. 4。

かけがえのないリアルを失わず変身する

田島ハルコ

取材・文＝二木信

"あらゆるクリエイションは、世の中を良くしたいとか そういう使命などと結びつきもすると思うけど、やっとそこから解放されてきたし、好きなことを好きなようにやりたいなって。"

田島ハルコ　ただの miracle
知らないじゃ済まされない
私がナンバーワン

「Selfie」

石だけが友だちだった

　田島ハルコという類まれな才能を持つ表現者は何者なのだろうか。この1万3000字あまりの原稿は、そんなシンプルな問いが出発点にある。2020年には6人組のラップ・グループであるZoomgals（ズームギャルズ）の一員として活躍し、大手新聞などに取り上げられ、テレビ番組の企画で音楽や映像の制作／プロデュースも行っている。もちろん、これまでにもミュージシャン／ラッパー／トラックメイカーとして数多くの作品を残し、MVも自身で手掛けてきた。さらに、ある時期まではツイッターを主張や言論を展開する場として積極的に活用していた。アメリカの作家ジャレット・コベックがラッパーのXXXテンタシオンを評した言葉を借りるならば、彼女は「自分の音楽と、SNS上での未検閲の、ある意味あからさまな自分自身の存在とを区別しなかった」アーティストである。とはいえ、これだけでは何も説明したことにはならない。そこで彼女に取材を申し込み、2020年8月に二度のインタビューを行った。まず、彼女はどこからやってきたのだろうか？

　田島は1992年に新潟県新潟市で生まれ、両親と彼女の3人というごく普通の家族構成の中で育った。ただ両親との関係は少し複雑だったようだ。

　「母親はけっこう重い障害があるんです。重い障害がある人は子どもを肌身離ず育てる傾向があるとも言われるんですけど、母は似た境遇の人を見て絶対にそうなるまいと葛藤していたんだろうなと。私に「好きにしなさい」と言うけれど、それなりに干渉はしてきたし、私のことは一生家から出て一人暮らしができないと考えていましたね。父親は単身赴任で家にいないことが多かったんで

すけど、幼少期には両親がわりとパワーのある口喧嘩をしていることもあった。さらに物心がついてくると、両親といろいろと性質が合わない理由がもう少しはっきりと見えてくるんですけど……」

　家庭が心の休まる場所ではなかった彼女だったが、小学校にも居場所はなかった。そして、小学5年生ぐらいから本格的に不登校になったという。2003年頃のことだ。引きこもりやニートが社会問題化、著名な教育評論家がテレビに頻繁に登場し、引きこもりの子どもや若者を罵倒して部屋から強引に引きずり出す、今では目を疑うような報道番組などが放送されていた時代だ。

　「いじめが原因で不登校になるんですけど、当時の社会には心の問題と向き合う発想がまったくなく、とにかく学校に行かせることしか対処法がなかった。そんな時代に私がいち抜けて不登校になったもんだから、学校で大問題になって。毎日クラスの違う子が「早く学校に来てください」って手紙を持って家に来て、明らかに引きこもって誰とも話せないのに親が「出てきなさい！」って。布団を被ってやり過ごすその時間が恐怖でしかなかった。さらに食卓でテレビをつければ、引きこもりの息子を小馬鹿にするコントをやっていたりして、その場がヤバい空気になって。そうした経験がすごくショックだった。それからフリースクールに行くんですけど、徹底した圧力に追い詰められて仕方なく保健室登校をするようになったんです。そこでも人間関係に苦労する。保健室に来るちょっとはみ出し者の子たちも、システムに適応している人たちと何ら変わりがなく楽しそうに見えて、この世で私だけが異常で学校にも適応できず、みんなが私のことをダメだと思っているんだっていう思考で生きていた」

　　保健室でchillからの点滅しても
　　生きているここでギリギリ
　　「教室だけが社会じゃない」
　　だけど行ける場所はどこにもなかった
　　インターネットが世界になって

蜘蛛の糸を引っ張ってちぎった

渡された橋を叩いて壊し

命綱の点滴引きちぎり

何もなかった

何もかもなくした

ただ自分だけに会いたかった

何もなかった

何もかもなくした

ただ自分だけを欲しがった

I saw you

in a hospital

I saw you

in my dream

「hospital」

　家庭にも学校にも自分が生き生きとできる居場所を見つけ出せない、彼女の拠り所は何だったのだろうか。

　「石だけが友だちでした。鉱物の図鑑をずっと肌身離さず持ち歩いて読んでいて、「鉱物は完璧過ぎる。地球は天才！　素晴らしい！」ってずっと思っていた。人間が何か造形物を作るなんてバカバカしいぐらいに思っていました。だけど一方で、自分で何かを作りたいという表現欲求や自己実現の願望があることに気づいて。それはのちに美術の道に進むことと関係しているけど、当時はそういう両立し得ない矛盾した感情を抱えながら何をやりたいかはわからなくて。読書が好きで『ハリー・ポッター』や宮沢賢治全集、岩波少年文庫とかをたくさん読んでもいたからか、小説を書きたいとか、またはテレビに出たいとか、そういう妄想もしていた。私なんて存在価値がないという一方で、私だけは特別だという両極端な自己イメージを拗らせた子どもでした。だからこそみんなと

一律であるべきという学校が辛かったんだと思う。現実が地獄過ぎて夢見がちな子どもになるしかなかったですね」

　夢見がちな少女だった彼女は、2005年に中学校に入学するが、周囲とのコミュニケーションは相変わらず上手くいかなかった。そんな状況でも、今の活動に繋がる音楽と出会い、熱中した。

　「不登校の後遺症なのかもしれないですけど、私の知らない単語が同級生たちのコミュニケーションの中で出てくると、無意味な音の羅列のようにしか思えなかった。だから、若い子が好きなアイドルやファッション、SNSもわからなかった。インターネットもほとんど見ていなくて主な情報源はラジオや雑誌でした。ロキノン系のバンドを主に聴く中でバンプ（BUMP OF CHICKEN）とかめちゃめちゃ好きになったんですが、そのうち周りの子も同じような音楽全然聴いてると知って、わりとアイデンティティ・クライシスに陥って。それから主にロックですけど、古いのから新しいのまでいろんな音楽を聴くことをアイデンティティにしようと。当時、POLYSICS（ポリシックス）とかを大好きになったのがきっかけでニューウェーブも聴くようになりました」

　音楽と出会ったことで、高校入学後はバンドを結成して学園祭に出ることを密かな希望にしていたものの、自校に軽音楽部がないことが判明する。すべてのやる気を一気に削がれ、「何にもしたくねえなあ。どうしようかなあ」という時に「読モ（読者モデル）」が光明となる。

　「高校生になって、アクセスできるサイトに制限がない携帯を持てるようになったのもあって、徐々に視野が開けたというか。「ファッション雑誌には付録があるんだ」とか、当たり前のことだけど、実感としてやっとどういうことかわかってきた。中学の頃になんとなく耳にしていた単語を実際に確認してわかっていくようになりました。その時に私が読んでいたのは『KERA』とかですね。歌手になる前のきゃりー（ぱみゅぱみゅ）ちゃんが読モをしていたんですけど、アメブロを1日に10回とかの頻度で更新するんです。もう今のツイッターですよ。しかも学校の休み時間の様子を撮った写真をアップしていた。そんな弾けた人

が周りにいなかったから、「東京の高校生はこんなに遊び散らかしているのか！ 無法地帯じゃん！　最高！」って」

　『KERA』(2017年6月号を最後に休刊。ウェブ媒体へ移行)は原宿を発信源とした青文字系ファッションの象徴的雑誌で、そこから登場したきゃりーぱみゅぱみゅは世界中に、グロテスクを調合した独自の"かわいい"を伝播させたポップ・アイコンだ。そのきゃりーぱみゅぱみゅと田島はまったくの同世代。田島はのちに読モについてこうツイートしている。「読モとかみてるとカルチャーはファッションのオマケでしかないことがよく分かる」「読モに憧れるのは知識や情報が全てが自身を着飾るものになるからなんだよな」(2013年9月23日／原文ママ)。そして、そんな田島のツイッター・アカウントは「@dokusya_model」である。読モとは彼女にとってどういう存在なのか。

　「たとえば、ゴシックなファッションをした読モのスナップの横に「好きな本：江戸川乱歩」とかって書いてあったりする。私はそういう読モを、一つのカルチャーを提示するミクストメディアだと捉えてきた。そういう存在に憧れがありましたね」

　田島の多岐に渡る活動は一見脈絡がなく見えてしまうかもしれないが、一つのカルチャーを形成していくミクストメディアとして捉えれば納得できるだろう。だが、読モへの憧れはあったものの、高校時代にその願望を果たすことはできなかった。

　「高校まではずっと親の理想像に沿って生きてきたのもあるし、そこまで弾けたことはできなかった。ところが、高校3年生ぐらいになると、母親の理想像と実像とがあまりにも大きく乖離してきていることに気づいて。その頃は精神的にもつらくて、学校に身体を引き摺りながら行くのがやっとで勉強なんて一秒もしていないのに、地元の国立大学に進んで将来は公務員になるみたいな、ざっくり言うとそういう理想化されたビジョンを私に見ていた。美大に行きたかったから美術の予備校に通い始めると、美術の先生になると思い込まれたり、そういう食い違いが激しくなってきた。それでも、一応無理矢理ねじ伏せる感じで

東京の美大をいくつか受験して、女子美だけ合格しちゃったんでどうにか進学することになって。親が金を出すのに無理矢理も何もあるかという感じだけど、「早く自分にならなきゃ」という思いで強引に上京しました。上京できてシンプルに嬉しかったし、ものすごい解放感がありました」

ポップになるには

　そうして、2011年に女子美術大学に入学するタイミングで上京する。「「外国に行けば」とかいうけれど／ここまで逃げてきたそれで十分」（「横になっちゃお」）と歌っているから、かなりの解放感だったのだろう。大学では油画を専攻しつつ、一時はNUMBER GIRL（ナンバーガール）のコピーバンドでギターを弾いていたこともあった。オリジナル曲を作るにあたって、メンバーも含めバンド初心者であったため、演奏技術の習熟度に依拠せずオリジナリティを追求することができるニューウェーブのバンドをやろうと思い立ち、結成したのが3人組のシャンプーハッツだった。2012年のことだ。そして、自身がギター／ヴォーカルを務めたシャンプーハッツの作品やソロのデモ音源を数枚発表したのち、2016年、ソロ・ファースト・アルバム『暴力』を発表する。当時は、テクノ・ポップ、デア・プランなどのジャーマン・ニューウェーブに熱中する一方で、カナダのミュージシャン、グライムスなどの宅録アーティストも参考として聴いていたという。たしかにそうした音楽からの影響を感じさせるものの、この時点で、田島ハルコ以外の何者でもない強烈な個性がすでにある。

　「最初は、GarageBand（音楽制作ソフトウェア）を使って宅録で、チープでもオルタナティヴな音楽ならば作れると考えて始めたんです。その頃から私の作る音楽に一貫しているのは、"何かをやろうとした形跡"のあるコラージュ的作風だと思います。たとえば、アンデス民謡のサンプルとレイヴっぽいシンセを組み合わせるとか、そういう継ぎ接ぎだらけの中に立ち現れてくる人間の気配や輪郭がおもしろいと思うんです。だから、ヨレや歪さを大事にしてきたし、

かけがえのないリアルを失わず変身する｜田島ハルコ

〝『資本主義的な明るい邪悪さ』
――ポップを拒否しながら、
いかにポップになるかを考えていたんだと思う。〟

ジャーマン・ニューウェーブが好きになったのも、たとえばシンセサイザーを指一本でよりヘタクソに素人っぽく弾くことでポップな曲が作れるという音の魔力に魅せられたから。過去の曲はだいたいすべて恥ずかしいんですけど、このアルバムの「血だらけになって……アロハ」だけは今でもめっちゃ好きです。すぐ物を失くし、すぐに新しいもの買ったあとに、探し物が見つかるとか、歌詞がリアルでいいなと」

　そして同年、田島は、ミュージシャン／表現者として一つの転機となる「こんにちはシルエッツ」という楽曲とそのMVを発表する。これは、「フスid」という彼女が企画した「ルッキズムのない世界のミスコン」または「現代的で先鋭的なミスコン」のために作られたテーマ・ソングだった。彼女はその頃から、70年代中盤から80年代前半に活躍し音楽表現においてフェミニズムを追求したイギリスの偉大なパンク・バンド、スリッツにたびたび言及してきた。また彼女は、作家の笙野頼子からの多大な影響も公言している。つまりこの楽曲の背景には田島なりの"女性性によるパンク"の精神あるいはフェミニズムがあるだろう。そうした主張は、楽曲のサウンドが当時世界的に大ヒットしたメジャー・レイザー & DJスネーク feat. ムー「Lean On」(2015)との同時代性を持つことから推察できるように、グローバルなポップ・カルチャーを意識した上で試みられた。この楽曲を含んだアルバム『はるこにうむ』(2017) は、クラウトロック、インダストリアル、ジャーマン・ニューウェーブなどの再発などを積極的に行うレーベル、SUEZAN STUDIO（スエザン・スタジオ）からリリースされ、マスタリングはゆらゆら帝国やOGRE YOU ASSHOLE（オウガ・ユー・アスホール）などのバンドを手掛けたことで知られる中村宗一郎が担当した。

　「歌詞がただの強烈なフレーズを持つ音から意味を持つものになり始めて、この方向性でやっていけると思えた曲です。中学生の頃、平沢進の、『パプリカ』(今敏監督のアニメ映画) のエンディング・テーマ「白虎野の娘」を聴いた時に、前世で何かあったんじゃないかぐらい強烈に無意識に刺さってきて。それ以来、マジで好き過ぎて。それほど圧倒されたわけだからいつか自分もそうい

う音楽を作んなきゃいけないという意識がずっとどこかでありました。で、まあまあ創作のスキルが身についてきたあたりでできたのが「こんにちはシルエッツ」で。ようやく自立したファンとしてP-MODEL（ピー・モデル）、平沢進的な問題意識を自分の骨肉にできたのかなと。とはいえそんなに打ち込みがまだ上手くできず、グニャグニャとした作風の曲が多くなったのが『はるにうむ』で、さらにカチッとした世界観を提示できたのが次のアルバム『PINK HIZIRI』（2017）でした」

　こうした、「継ぎ接ぎだらけの中に立ち現れてくる人間の気配」や「歪さ」を個性とした音楽表現を続けてきた田島だったが、2018年に入り、「個人が持つ歪を脱臭」し、「とにかく世の中の風潮を、文化のトレンドを、受け付けるというシンプルなもの」にスタンスを移行しようとしている。そうした、当時の心境の変化や自己分析については、彼女が2018年6月4日にnoteにアップした名エッセイ「ポップになるには」に詳しい。そこではさらに、「本当の「分かりやすい存在＝ポップ」になるのは、今の私にはなかなか難しいことだと思います。本当のポップとはグロテスクなものでもあるから。無数の屍の上に根を張る新自由主義の中でこそ花開くものがポップなのだから。しかし、死屍累々な世界に入っていかなければ、私に血を流させてきた新自由主義に報いることはできない」というポップについての非常に興味深い、大胆な主張を展開している。

　「う〜ん、そんなことを書いていたのか。「いや！　そんなことはない！」っていうのはないですけど、他人のような気がしてしまう……。ただ、よくよく考えたら、おおもとにある表現したいという欲求に繋がる重要な話ではある。その文章を書いている時は、世の中のキャッチーなものへの愛憎があったんだと思うんです。それと、"資本主義的な明るい邪悪さ"＝ポップを拒否しながら、いかにポップになるかを考えていたんだと思う。邪悪さというのは90年代のサブカル的な露悪さ、悪趣味とかじゃなくて、自分の世代で言うと求心力があるのはテレビ的なものです。1992年生まれの世代にしかピンポイントではわからないかもしれないけど、『クイズヘキサゴン』の"おバカキャラ"に象徴される"明

〝ヒップホップって、差異を誇示する一方で、

『強い女』みたいな定型化した

キャラにはめていく側面がある。

それでも打ち消せない人の歪さが

リアルな部分なんだろうなって。〟

るい邪悪さ"に心を痛めていた。頭が良い人はもちろん称えられるけど、そうじゃない若者は、「こんなことも知らないのか？　バカだねえ」と大人からいじられる。そうやって、愛される若い女性、男性として振る舞って、資本主義社会に適応していくものだと圧力をかけられているようですごく嫌だった。そういうポップの前で、私がオルタナティヴなものをそのまま世界に向けて提示しても伝わらないということにもその頃気づき始めて。だけど、キャッチーさやポップへの愛憎をどうやって作品や表現に落とし込めばいいかがまだよくわかっていなかったと思う」

　2017年は、ポップ・ミュージックの一大産業国のアメリカにおいてヒップホップ／R&Bがロックの売り上げを史上初めて超えた年である。そうしたアメリカの音楽産業の変化は、もちろん日本にも大きく影響した。だから田島が、ラップという表現方法を取り入れたのは自然な流れだった。2018年に彼女は本格的なラップ・ソング「HARUKO'$ MONEY」(1月24日)と「なにもしてない」(7月31日)などを発表、そして同年10月3日にアルバム『聖聖聖聖』をリリースした。その作品に収録された「ミーが代」からは、彼女がラップを選んだ理由が直接的に伝わってくる。

　「私はあんまり上手く歌えなくて、というか、しっくりきていなかった。それがラップというフォーマットでパズルがちゃんとはまる感じになった。ラップは自分の身体性や声にちょうど良かったんです。だから、ヒップホップの文脈とかそもそもわからないし、意識はしていない。それでも「ミーが代」は、自分なりに「私はこうだぜ！」っていう差異を誇示するヒップホップの定型に収めようとはしていたんだなと思う。ヒップホップって、そうやって差異を誇示する一方で、たとえば"強い女"みたいな定型化したキャラにはめていく側面がありますよね。それでも打ち消せない人の歪さがリアルな部分なんだろうなって」

　ヒップホップ／ラップを表現に取り入れるのと並行して、彼女はニューウェーブギャルというコンセプトを掲げる。すなわち現在の田島の広く知られたアーティスト・イメージの一つである"強い女性＝ギャル・ラッパー"は、2018年

頃から形成されてきたものだ。そして、そのニューウェーブギャルのラッパーとしての一つの到達点が、「ちふれGANG」（ラッパー、ワッショイサンバとの共作）だった。曲名は、低価格で品質が良いとされる化粧品「ちふれ」と、ヒップホップにおいて特に男性が自身や仲間の強さや結束力を誇示する際にも用いられる「GANG」を組み合わせた造語だ。トレンドのトラップ・ビート上で、「つまらん男に買ってもらうためにソフレ／なるより自分で買うちふれ／ワープアで非正規とか肩書きなら気にしねえ／そもそもこんな社会許さねえ」と力強くラップしている。「ちふれ」の名前の由来は、全国地域婦人団体連絡協議会、略して"地婦連"にある。この団体は戦後、原水爆禁止運動や沖縄返還運動に取り組み、その後消費者運動に乗り出し、1968年に「ちふれ」を生み出した。

　「歌詞を書く時点でウーマンリブの文脈は意識していたはずです。昔の女性もメイクして強くなるという意識があったのだなと。私は、女性のカルチャーやライフスタイルが社会通念の中で共有されてないのがおかしいし、"女物"みたいに軽視されて文化度が低いと扱われているのが許せないと思ってきたんです。一貫してそこは自分の作品のテーマにあります。ただ、そういう意識はあるけれど、どう表現しようかなあ、という迷いがあった。それが、「ちふれ」と「GANG」をくっつけてピッタリきた感じがあったし、ラップの表現としてもしっくりきた。「ちふれGANG」やそれが収録された『kawaiiresist』（2019）は出せてよかったし、反響もありがたかったですね。当時、YouTubeでいろんな動画を出すと、コメント欄とかで「消えろブス」「死ねブス」とか、そういう感じのコメントが多かったんですよ。そういうコメントは、私はまったくどうでもいいんです。そういうコメントがあるから「ちふれGANG」でバランスを取ってすごく調子が良かった」

　そうしたYouTubeに書き込まれる性差別的なコメント、またルッキズムに抗する「ブスって言われた時のためのラップ」（2019年3月7日）をYouTubeにアップしているが、それがアルバム『kawaiiresist』の声明とも言える「kawaii statement」となった。また、この作品には、戸川純「遅咲きガール」へのアン

サーソング「遅咲きGAL」なども収められ、彼女の存在がより広く知られることとなった。こうした自身の評価の背景には時代の変化の後押しも大きかったと語る。

「『kawaii resist』を作っていた頃、りゅうちぇるが『SUPER CANDY BOY』(2019) というEPを出したんです。テレビにりゅうちぇるがガンガン出ていた時とか一部の人は彼を立派な若者って評価していたけど、作品が正当に評価されていないと私は感じていて。「めちゃめちゃヤべぇ!」と思っていたから、こういう作品についてもっとみんなで話していこうぜっていうモチベーションであのアルバムを作ったんです。それと、2019年ぐらいから"資本主義的な明るい邪悪さ"が支配していた時代とは対極な流れがあって、キャッチーさやポップの定義が塗り替えられていると思うんです。若い子は理知的で、大人の世界観とかバシバシ切り捨てていくほうがおもしろい、そういう転換期だったんじゃないかと勝手に捉えている。たとえばYoutuberでも、フワちゃんが『クイック・ジャパン』(2020年2月発売／vol.148) の表紙になったり、KEMIO (ケミオ) さんが大人気だったり、私はずっと前からこういう人物やカルチャーが評価されてほしいと思っていたけど、それが現実となった。しかも大人がそういう人物やカルチャーを"女子供のもの"として軽んじられなくなって、若者を正しく脅威に感じて、ビビって、耳を傾けざるを得ない。そうした時代の流れがかなり後押ししてくれたと思う。だから、2019年ぐらいからわりと調子良く創作でき始めました」

とにかく背負わないぞ

たしかに2019年以降の田島は、傍から見ても順風満帆に思えた。アリアナ・グランデの「7rings」の日本語カヴァーが話題となり、前述した作品群も反響を呼んだ。2020年に入り、消費税の増税にトラップ・ミュージックでレスポンスした「HAPPY税」や「SUN Jewel」をリリース、1月30日には渋谷のライヴ

ハウス「WWW」の会場をファンで埋め尽くしたワンマンを大成功させる。さらに、自身が制作したLINEスタンプや「ニューウェーブぎゃるショップ」でのグッズ販売なども精力的に行っている。ところが、新型コロナウイルスの感染拡大と自粛ムード、またそうした社会の空気によるものなのか、4、5月から精神的・身体的に下降気味になり、6月上旬が絶不調だったという。

「コロナとかの外的要因もあるけど、こういう時期だからこそ自分の中にある、今まで抑圧してきた調子の悪さが出てきた感じでした。私は常に「わかってもらえてない!」とその裏返しの「わかってもらってたまるか!」というメンタリティが拮抗してきたんです。「ちふれGANG」の反響を見て、「わかられるんだ」と感じて。そうして「わかられる」と「もっとわかられよう」と適応してしまう。だから、「ちふれGANG」の反響はあれぐらいがちょうどよかった。仮にあのままもっと有名になって、田島ハルコの言うことがもっと共通認識として共有されていたとしたら、時代の流れに乗ってそのまんまあらぬところに連れて行かれるんじゃないかという不安がヤバかったと思う」

そんな不調の兆しがある中、4月12日に「#うちで暴れな」(現在は田島ハルコのSoundCloudのみで聴くことができる)という楽曲をYouTubeにアップする。星野源がインスタグラムに投稿した約1分の弾き語りの動画「うちで踊ろう」に対するレスポンスだった。「うちで踊ろう」の動画に伴奏を加えたり、曲に合わせて踊ったりする動画が次々にアップされる中、田島は「暴れたい!」と主張したのだった。さらに彼女は、複数のアーティスト間で楽曲をリレーしていく歌繋ぎのラップ・ヴァージョン、TOKYO DRIFT FREESTYLE(トーキョー・ドリフト・フリースタイル)の動画もアップした。

「あのあたりは、まさに過(剰)適応モードなんです。もちろん、私にも主体性はある……そう信じたいけれども、世の中で起こっていること、いろんな人が発信する言葉が何もかも狂っているんじゃないかと感じてしまった。「#うちで暴れな」は元々は「みんなで歌繋ぎとかやってキモいぜ!」とめっちゃ星野源をディスる曲だった。ところが、安倍晋三が動画をアップして、星野源がかわいそう

過ぎる感じになっちゃったから、歌詞を変えて出したんです。コロナ以降、この状況を無視するか、意識して積極的に発信するか、自分も含めやり方がわかんないからみんな試行錯誤していたし、今もそうかもしれない。だけど、自分の考えている社会や政治についての意見を、社会への適応とかそうじゃないとかのレベルの話に回収してしまうのは危ういと思う。だからこそ今は、すぐに意見を表明できずとも、人として誠実にじっくり考えなければいけないと思うようになって。そうやってしっかり考える前に適応しようとしちゃうのがSNSの危険なところだし、良くないところ。どうしてもコロナを意識した歌詞が出てきてしまうけど、そこは諦めて今はとにかく背負わないぞ、という気持ちで曲を作ったりしていますね」

　そうした混乱のコロナ禍に結成されたのがZoomgalsだった。田島ハルコ、valknee（バルニー）、なみちえ、ASOBOiSM（アソボイズム）、Marukido（マルキド）、あっこゴリラという6人のラッパーが集結した。田島は言う。「それぞれが思想的・社会的にいろいろ背負わされてきて、それにキツさを感じてきたんじゃないかと思っていて。だから、Zoomgalsになることによってそういうプレッシャーを跳ね返せる。自分一人だけで背負わなくていいんだ、と」。

　Zoomgalsは5月以降、「Zoom」、「生きてるだけで状態異常」、シンガー／ラッパー大門弥生との共作「GALS」と立て続けに楽曲を発表してきた。「生きてるだけで状態異常」は、コロナ禍で頻繁に対面できない中、グループLINEで互いに言葉を投げ合う形でリリックが作られ楽曲が完成したという。

　「「Zoom」は楽しかったし、嬉しかった。みんながざっくり録音したデモを聴いている時点で、「めっちゃ良い！」という手応えがあった」と率直な喜びを語る一方で、田島は〝ギャル＝強い女性というイメージ〟について冷静に考察する。ちなみに2020年のヒップホップにおいて、アメリカのラッパー、カーディ・Bとミーガン・ジー・スタリオンの〝セックス・アンセム〟「WAP」が政治論争にまで発展したのは記憶に新しい。男性優位社会を無自覚に前提としており「下品だ」というこの曲への短絡的な批判は論外として、「強い女性によるセックス・

ポジティヴや性的解放のラップ・ソング」という肯定的な評価に戸惑いを覚える女性もいるのではないか。次の話からそんなことを考えさせられる。

　「今の世の中でなんとなく共有されているギャルというイメージに、みんな何か期待を背負わせているじゃないですか。その感じに自分もまったく近い。ただ、そういう意識はあんまりギャルに誠実じゃないかなとちょっと思い始めている。もともと私は、"本物のギャル"ではないので"間借り"させていただいているという感じだけど、だからと言って「私は本物のギャルではありません！」とわざわざ言わない。でも少し慎重にはなっています。イメージの集合体である抽象概念としてのギャルや、実際にそういう属性の人に強い女の子的なイメージを投影させようとする傾向が強くなっているけど、そうして何かを背負わせてしまうことに抵抗がある。背負わされているんじゃなくて、みずから背負っているのかもしれないですけど、自分は背負いたくないなって」

　たしかにZoomgalsは、言語／視覚／身体表現においてみずから"ギャル＝強い女性によるエンパワーメント"を打ち出す側面がある一方で、メディアやファンダムも彼女たちにそうしたイメージを投影してきた。だが実のところ、Zoomgalsにおける田島のリリックには、強さというよりも精神的・身体的な不調のリアルが綴られている。そんな彼女は、これらの楽曲で知名度やメディアへの露出が増えていくことで、現実感に"揺らぎ"が生じてきたとも語る。

　「いざそれなりに売れるとこういう感覚なのか、と。「Zoom」のMVの私を、横になって天井を見ている私はどこかに行ってしまったと感じている。離人感という言語化が正解なのかはわかんないですけど、他人事のように感じられて。だから、嫌ではないけれど、「よっし！」みたいな感じじゃなかった。遠くの宙の上から自分を見ている感覚なんです」

かけがえのないリアルを失わず変身する

　そうした田島のある種の"現実感＝アクチュアリティの喪失"を考えた時、躍

動的にラップしたりステージを激しく動き回ったりする田島ハルコとは異なる表情を見せる、「おやすみハイヤーセルフ」(『聖聖聖聖』収録)という楽曲が思い浮かぶ。静かな祈りと信仰が情感豊かなシンセサイザーの音色やメロディと深いところで同期した、何かが宿った名曲だ。

　「スピリチュアルな話をすると、私の中には、強いギャルみたいな高次の自己像と、家で寝転がっている自己像がかけ離れているという感覚が常にあるんです。その乖離してしまう感覚には苦しさがあって、だから乖離を埋めるために、服を着たり、ちゃんとメイクをしたりして、それが「オシャレして自己実現！」といった歌詞にわりと繋がっている。だけど、あの曲では自分に対して、高次の、理想の自己像は眠らせて、「幽体離脱してどこか行ってもいいよ」と言っているんです。人間はずっとキラキラしていられないし、切り離している瞬間もないと、本当の自分らしくならないから。「おやすみハイヤーセルフ」は自分の中でかなり重要な曲です」

　　　神や大気に溶け込んだ
　　　自分を取り戻すための時間
　　　冷静な信仰 好きぴとの邂逅
　　　溶けていくカフェインの魔法から
　　　離脱症状 絡まる私
　　　横になってみる
　　　バイト1時間半前
　　　おやすみ おやすみ おやすみ 私
　　　おやすみ そういうわけにはいかない
　　　おやすみ おやすみ おやすみ 私
　　　おやすみ私の代わりに ハイヤーセルフ

　たとえば、『聖聖聖聖』というタイトルを引き合いに出すまでもなく、田島は一

貫して、宗教性や超越的な存在を連想させる言語／視覚表現を行ってきた。それは彼女の非常に重要な側面だろう。彼女は以前『NYLON』のブロガーとして活動していた際、集合的無意識、瞑想、輪廻転生、生と死といったテーマを取り上げ一部で話題となったNetflixのサイケ・アニメ『ミッドナイト・ゴスペル』を熱を込めて紹介してもいたが、そうしたテーマは彼女が取り組んできたものでもある。

「実は両親がわりと特殊な宗教を信仰していたんです。簡単に言えば、神道右派寄りなもので、私とあまりにも噛み合わない思想でした。特に母の方がそういう傾向が強くて。だから、そういうものを乗り越えようとして宗教的な語彙を使ってきたと思う。ただ私は宗教2世を打ち出して「宗教は嘘だ」とかそういうことを言いたいんじゃない。それは宗教に対する無理解を広げるだけだと思うから。特に日本社会はそういう傾向が強い。そもそも怪しいも何も宗教は人間が作ったものだし、信仰は尊くもあり、ひとつの生き方でもあるから。ただ、哲学的に宗教を捉えるのともちょっと違って、より実人生の経験として、社会の中における宗教が何なのかを理解したい。もともと宗教を生み出した人は、世界に新たなものを取り入れるために窓を開けるチャネラーだったはずですよね。だけど、そういう思想や哲学の領域の体系が宗教になることで、何か別の特別な力を持ってしまう。だから、私のスピリチュアルっぽい歌詞はある意味では"反宗教"です。それは私が無神論者だとか宗教が嫌いだとかではなく、誰かをコントロールするのに都合の良い手段としての宗教が憎いんです。人をコントロールする力を持ってしまった宗教は、仮に神や高次の存在を定義付けるならば、それに反していて不自然だと思う。そういうものを介さず、神や高次の存在を自分個人のものとして取り戻したい、そういう感じです」

そんな彼女が、コロナ禍の葛藤が垣間見える「夏のままで」のリリース後、12月に入り、お笑いトリオ、3時のヒロインの楽曲と映像作品（MV）をプロデュースした「「アッハーン」後日談」は、彼女の優秀なプロデューサーとしてのフィルターを通して、新たな、ポップな才能を発揮した見事な新境地だっ

かけがえのないリアルを失わず変身する｜田島ハルコ

たのではないか。田島が書いたリリックや、3時のヒロインが後半で身に着ける
プッシー・ライオットを連想させるファッションなどからは、"強い女性のラップ・
ミュージック"への、独自の、のびやかな解釈が感じ取れる。

　「今は私の考えや表現が一つのコンテクストの中で共有されてきた実感もあ
るから、やっと"ステイトメント"じゃない発言ができるようになってきた感じが
します。あらゆるクリエイションは、世の中を良くしたいとかそういう使命などと
結びつきもすると思うけど、私はそれがいろんな意味で屈折した形で作品に昇
華されてきたから。だけど、やっとそこから解放されてきたし、好きなことを好
きなようにやりたいなって」

　「好きなフィルターを選べばいつでも好きな見た目になれるこの世界では、生
身の肉体そのものに宿る歪さが、かけがえのないREALだから！✨」(2018年9
月11日の本人によるnote「田島ハルコのだいたい全て vol.1(2018)」より引用)と彼女は
リアルを定義する。これまで田島はさまざまなフィルターを通して常にメタモル
フォーゼ＝変身し続けてきた。そして、そうした、固定的な自己同一性の中に
閉じ籠らないミクストメディアでありながら、けっしてかけがえのないリアルを失
わず高次の自己像を作り上げてきた。だからこそ彼女は、本質的な意味にお
いて生命力に溢れ、魅力的なのだろう。田島ハルコの素晴らしいミラクルはこ
れからも続いていくはずだ。

かけがえのないリアルを失わず変身する｜田島ハルコ｜

場所を作り、場所に根ざすこと
"NORTH TOKYO"という救済

J. Columbus

取材・文＝五井健太郎

〝アンダーグラウンドって、フッドに根づいているっていうこと。俺はその意味で、アンダーグラウンドな音楽をやっていきたい。〟

WE AGAINST THE WORLD

「TROUBLE GA SAGASU」(prod. YANAGI YAMIUCHI〔ヤナギ・ヤミウチ〕)

　J. Columbus a.k.a. Lil MERCY（ジェイ・コロンブス a.k.a. リル・マーシー）。ここではとりあえずマーシーさんと呼ばせてもらう。もう10年以上前、私は何度かマーシーさんと顔をあわせていて、同じ場所で遊んでたりしていた。私は人より極端に記憶力が悪くて、思いだそうとしてもいろいろ曖昧なのだが、たぶん2006年とかそのあたりのことだと思う。覚えている大きなパーティーでいうと、新木場の空き地であったRAW LIFE（ロウ・ライフ）とか、代々木公園のCHAOS PARK（カオス・パーク）とか、そのあたりの頃のことだ。

　だが同じ場所にいたとはいっても、それほどちゃんと話した記憶はなく、当時の私の認識からすると、マーシーさんといえばとにかく、モッシュピットのなかを車止めのカラーコーンがとびかうブルータルなパフォーマンスで知られたビートダウンハードコアのバンド、PAY BACK BOYS（ペイ・バック・ボーイズ。以下PBB）のLil MERCYであり、その延長でハードコアのレーベルWDsounds（ダブリューディー・サウンズ）を主宰している人物だった。混沌としつつ秩序があるという、そんな矛盾した表現でしか呼びようのないハードコアの生みだす空間が大好きで、人脈のレベルからあらゆるジャンルの人が出入りしているシーンの風通しのよさにも強く惹かれていた当時の私からすれば、マーシーさんは遠巻きに見ていた憧れの人の一人だった。

　だけどある時期から私は、そういった音楽のシーンから遠ざかっていくことになる。理由はいろいろあるが、なかでも一つ挙げるとしたら、自分の関心が狭い意味での政治のほうに移っていったことがある。党派によらない野良の左翼たちが組織していたいわゆる反グローバリズム運動というやつで、ちょうどレイ

ヴ文化から派生したサウンドデモが登場してしばらく経った頃だった。「車道で踊れるなんてすげーおもしろそうじゃん」くらいで出かけていったら、すくなくともその頃はじっさいにけっこう楽しくて、そのままなんとなく界隈にいついていくことになる。そうなると知恵もついてきて、かつて憧れた東京のアンダーグラウンドなシーンが、どことなく能天気で無責任なものに見えはじめ、結果として自然にパーティーから足が遠のいていった。

　これが大きな間違いだったことは、さすがにいまではよくわかる。なんとなくとはいえ大文字の「正しさ」に惹かれていた自分の未熟さも、いまでは可愛らしく思えたりする。ともあれ、ひき続きそれなりには熱心なリスナーではありつつ、音楽の場にはほとんど出かけなくなっていった私が、その後どうなったかについては、いうまでもなくどうでもいい。

　時代は一気にとんで2020年春、いわゆるコロナ禍のはじめのことだ。開放感と焦燥感が混じりあうなかで、外出自粛が叫ばれる東京の街のなかを夜な夜な歩き回りながら、そのときに私が聴いていた音楽の一つがマーシーさんのラップであり、ヒップホップというもう一つの軸を得て、いまや東京を代表するインディー・レーベルとなっていたWDsoundsの音楽だった。数あるなかで、いったいなぜこのとき彼の音楽を選んだのか、けっきょくのところ自分でもよくわからないまま、私はとにかくそれを繰りかえし聴いていた。そしてちょうどそんなとき、本書に再録されたヒップホップについての文章の依頼を受け[1]、わずかだがマーシーさんのことにも触れ、それがきっかけで今回、彼にインタビューをさせてもらえる機会を得たのだった。

　だから以下のインタビューは、自分はいったいなぜコロナ禍という未曾有の出来事のなかで、あらためてマーシーさんの音楽を集中的に聴きだしたのかという、とても個人的な問いに導かれながらおこなったものだ。とはいえ、レーベル・オーナーという側面に比べてこれまで相対的に知られていないままだっ

1　「「情報戦争（インフォウォー）」時代における文化——星野源、A-THUG、Kamuiから考える」『福音と世界』2020年6月号。本書46-55頁所収。

た彼のラッパーとしての特異性があきらかになるにつれ、そうした私の問いは、ひとりでに霧散していくことになった。いまでははっきりと断言できる。コロナ禍のなかでこそ私たちは、J. Columbusのラップを聴くべきだ。

なぜそういいきれるのかを見ていくために、まずはとにかくはじめよう。

「内」と「外」を繋ぐもの——「武器」としての作品

> 板橋 豊島 オーバー・ザ・トップ
> 俺もこの街の一つのTRUTH
> 片手のビール　絶やさず歌舞く
> ルール染み込んだスツール　振り下ろす
> 怒号にストンプ いまもパーティーの合図
>
> J. Columbus、AKIYAHEAD（アキヤヘッド）、原島"ど真ん中"宙芳「GAMES」
>
> （prod. DJ FRESH〔フレッシュ〕）

季節感さえなかった2020年の秋のある夜、私はJ. Columbusのフッドの一角を占める池袋にいた。池袋といえばヘッズにとってはなにより、いまはなきクラブBEDだが、もともとは埼玉で生まれたJ. Columbusにとってそれは、中学・高校時代を過ごした場所であり、彼自身の言葉でいえば、「あらゆる意味で自分が成長してきた場所」だった。中学のころ、のちにヒップホップ・グループBLYY（ブライ）を結成するDzlu（ダイジロウ）やalled（オールド）、AKIYAHEADと出会った彼は、彼らとの交流のなかでさまざまな音楽を吸収していく。彼自身はハードコア・バンドWIZ OWN BLISS（ウィズ・オウン・ブリス）の一員としてキャリアをスタートさせるが、フッドで培った人脈はその後も保たれ、それが現在のラッパー／オーガナイザーとしての彼のあり方にも繋がっていく。

そんな池袋のなかで、インタビューの場所として彼が指定してくれたのは、行きつけだというビアバーだった。目下のコロナ禍のなかで人の移動が制限され、都市のなかからあらためて不純さが失われ、文化の母体であるはずの溜まり場のような空間が失われているなかで、この場所の指定自体が大きな意味をもっているはずだ。

　ともあれ、街を見下ろす喫煙スペースが最高なその店で、MEJIRO ST. BOYZ（メジロ・ストリート・ボーイズ）というユニットでも共に活動するバックDJであり、なによりJ. Columbusの「研究家」を自認するほどに彼のファンだと公言するPhonehead（フォンヘッド）氏に同席してもらい、彼らの普段の過ごし方に近い状況のなか、まずはこのかんの日常から聞いてみた。2020年以降のコロナ禍のなかで、J. Columbusはいったいなにを感じていたのか。

　「活動が制限される部分はたしかにありますね。クラブが営業してない時期もあったし、いまでも前みたいにはいかない。だけど俺たちは以前から、遊んだあとそのまま誰かの家とか、泊まってるホテルに行って、そのまま翌日の昼まで一緒にいるって感じだったから、根本の部分では変わってない。コロナの期間も、家に友達が来てみんなでレコード聴いたり、たまには真面目な話もしたりとか。そうやって遊びながら人と付きあうなかで、作品もできていくじゃないですか。仙人掌とかFEBB（フェブ）とかCAMPANELLA（カンパネラ）、うちからリリースしたアーティストは、みんなそうやって人がごちゃごちゃに混ざりあうなかにいた奴らなんで。

　ただやっぱりいまは、外に遊びに行けるわけじゃない。6月に配信のイベントをやったときは、自分のソロだけじゃなくてCJ & JC（J. ColumbusとCENJU〔センジュ〕のユニット）で出たり、フォンくん（Phonehead）、ERA（エラ）やCHANG YUU（チャンユー）とかいつも通りのスペシャルなメンバーのイベントにはなったけど、そこに来られるのはあくまで知人や関係者で、フラっとやってくるような新しい誰かが入ってこれないじゃないですか。配信だと外が存在しようがない」

　配信を否定するわけではないが、そこには「外」がない。とはいえパーティー

〝レーベルとして出したものを
あんまり説明したくない。
手に取ってくれた人が、
自分自身で解釈すれば、
それだけでもなにかが動く感じって
あると思う。〟

を開くにしても、どうしても制限は加わる。これは目下の――とくにアンダーグラウンドで活動する――アーティストに共通のジレンマだろう。どうすればいいのか。この問いに答えるかのように、彼はそこから「内」へと向かい、さらに「内」と「外」を具体的に繋ぐ媒介――つまり、具体的なモノ――の方へと向かっていく。

「フォンくんがこのあいだ、「こういうときだからこそ俺は、大切な音楽だけ聴く」っていってたけど、それには俺もすごい共感していて。それはたんに内にこもることじゃなくて、いままで当たり前にやってたことにあらためて向きあうっていう意味で。それもあって、いまこの状況だからこそ感じてるのは、CDっていうメディアの可能性です。レコードの音には温もりがあるってよくいうじゃないですか。それに比べるとCDはたんなる商品扱いされがちだけど、ジャケットのアートワークとか、細かい部分も含めてじつはすごく温もりがある。ミックスCDなんてまさにそうで、そのときのその人の音楽の聴き方とか曲の取捨選択、あとはそこに添えられたメモみたいな部分まで含めて、その人自身の物語（ストーリー）が詰まってる。そこにある物語（ストーリー）を、自分から感じとっていくプロセスが音楽を聴くことだと思うんですよ。

これは、レーベルとしてCDを出すことにもいえることで。作品を世に出すことそれ自体ももちろん目的だけど、大事なのは、それをきっかけにして「ちょっとなにかが動く」感じだと思う。だから俺はずっと、レーベルとして出したものをあんまり説明したくないと思っていて。プレス・リリースでも説明的な言葉をなるべく排しているのは、それ自体が一つの表現だと思うからなんです。手に取ってくれた人が、自分自身で解釈すればそれでいいし、むしろそうしてほしい。それだけでもなにかが動く感じってあると思うので」

ここには、CDというモノを媒介にした作品の享受というありふれたプロセスにたいする、とても鋭いまなざしがある。より深く彼の話を理解するために、いささか唐突だがここで、「道具」と「武器」の話をしてみたい。

一般に「道具」と「武器」は、それ自体がもつ形のうえで区別される。たとえ

ばグラスは水を飲む「道具」であり、ライフルは危険な「武器」だというふうに。だがこうした区別は、事態の表面だけを見た誤解だ。じっさいのところ両者の区別は、それに与えられた解釈によって決定されている。つまり、割り当てられた支配的な解釈に沿って使われるかぎりでそれは「道具」になるが、その解釈から逸脱して用いられるなら、まったく同じものが一転して「武器」にもなりうるのだ。これはなにも難しいことではない。ようするに、グラスも強くほうり投げれば十分に「武器」になりうるということである。

　銃にしても同じことだ。たとえばここで、ブラック・パンサー党を思い出してもいいだろう。レイシズム的な白人警官たちがそうしていたとおり、人を威嚇し殺傷するためのものという支配的な解釈にもとづくかぎり、ライフルはどこまでいっても忌まわしい人殺しの「道具」にすぎないが、しかし解釈を変え、フッドの自衛のためにそれを携行するのだとしたら、それは潜在的な対抗暴力を保証するものになり、深い意味での平和を実現する「武器」にもなりえる。解釈のあり方の更新による「道具」から「武器」への転化は、世界のあり方そのものを動かすことにも繋がるのだ。この意味でパンサーは、美学的＝感性的な地平で勝利したのであり、支配秩序にたいするスタイル・ウォーズに勝ったのだといえる[2]。

　以上をふまえれば、ここで J. Columbus がいう「ちょっとなにかが動く」という言い回しの意味もはっきりしてくるはずだ。WDとしてリリースする作品は、たんに聴いて楽しむため、音楽を消費するために与えられた「道具」ではない。むしろ重要なのは、受け手の側がそれを自発的に解釈し、いわばそれを「武器」として受けとることをとおして、わずかにでも自分の物の見方を変えることであり、閉じられた自分の世界を「外」に向かって開いていくことなのである。知

178

Chapter.2

2　ここでの「道具」と「武器」の区別については、アナキズムの哲学者ダニエル・コルソンの議論を参照している。Daniel Colson, *Petit lexique philosophique de l'anarchisme* (Livre de Poche, 2008)。また、ブラック・パンサーのもつ対抗暴力の意味については、酒井隆史『暴力の哲学』(河出文庫、2016) が必読。

覚の変化を促す、「武器」としての作品。

その名に折りたたまれる力、あるいは「武装したアルファベット」

SO SINGING 街の奏でるセッション

通りに一つ一つ　音と色

「GOOD LIFE」（prod. DJ FRESH）

　以上をふまえつつここであらためて知っておくべきなのは、J. Columbusという名前の由来であり、そこに込められた意味だ。PBBやWDのオーナーとしてのLil MERCY、DJや文筆のさいのCOTTON DOPE（コットン・ドープ）など、彼には多くの名前がある。

　「CRACKS BROTHERS（クラックス・ブラザーズ）ってSPERB（スパーブ）やFEBBとやっていたグループがあって。YOUNG MASON（ヤング・メイソン）ってFEBBの別名も、もともとCRACKS BROTHERSネームだった。ほかにもSEXORCIST（セクソシスト。池袋BEDで開かれていた同名のパーティーを母体にするグループ）でのSEXOネームでもあると思うんですが。そのへんは自分でも混同してるところが多いんですけど、とにかくそいつらと話してたときに、「マーシー、ここじゃコロンブスを名乗れよ」って話になって。

　コロンブスって、アメリカを"発見"して原住民を虐殺するきっかけを作った侵略者だから、最初は嫌だったんですけど、FLA\$HBACKS（フラッシュバックス）とかとツアーに行ったとき、カートラブルに遭ってパーキングでJAFを待ちながら話してるなかで、「ジャッジをつけたらいいんじゃないか」って話になって。これがピンときて、"Judge Columbus"、つまり「侵略者をジャッジする」ことを名前にしようって決めて。いままたブラック・ライヴズ・マターが盛りあがって、世界中でコロンブスの像が倒されてますけど、まさにそのとおりになっ

てますよね。俺自身、前にアメリカに行ったとき、ポリスの嫌がらせを食らって逮捕されて、なにもしてないのに36時間拘束されたこともある。俺はまだしも、人によってはその時間で仕事を失うかもしれないじゃないですか。たとえばウチから日本盤を出したスミフン・ウェッスンのテックのソロ[3]とかでも、正面から取りあげられてる問題だし、まったく他人事だと思ってないですね。日本にもレイシズムの問題はあるわけだし」

　「J. Columbus ＝ Judge Columbus」というその名前は、このかんの情勢のなかで、ほとんど予言のような意味をもつものだった。とはいえ彼は、レイシズムのような問題を前にして、その根源にある象徴的な人物の像を打倒してみせるという——いうならばとてもわかりやすい——やり方を採用するわけではない。群衆の力があからさまに展開された「Judge」という言葉をそのまま名乗るのではなく、その力をあえて折りたたんだ「J.」という略記を冠するラッパーこそが彼なのだ。そこには、先に見たのと同じ、説明を省き、受け手の自発的な解釈をうながす身ぶりが指摘できるわけだが、J. Columbusにとってこうした身ぶりは、ヒップホップに不可欠な要素の一つであるグラフィティと関連している。

　「前にOUT TA BOMB（アウタボム）っていうハードコアのレーベルで働いていたとき、デザインを外注していたんですけど、人に頼んでも肝心のデザインがあんまりおもしろくなかったりして。デザインって、基本的なルールを理解しつつそれを壊していくことで、自分のルールを作っていくものなんだって学びました。

　それはグラフィティも同じだと思います。俺のすごく好きな言葉に、Rammellzee（ラメルジー）ってグラフィティ・ライターの「アルファベットは武装

3　テック『skin on trial』（WDsounds、2017）。WDsoundsのオフィシャルYouTubeアカウントにアップされている同作の表題曲「skin on trial」のMVは、レイシズムによる暴力の現場を撮影した映像を幾度も挿入しつつ、トレイヴォン・マーティンをはじめとして、リリース時点までにその犠牲になった者たちの実名をコラージュした「BLACK LIVES MATTER」という文字を大きく映して終わっている（https://www.youtube.com/watch?v=rUFJq-B9b0I）【最終アクセス2020. 12. 30】。

していく」っていうのがあって。グラフィティって、Ａっていう文字を構成する要素をいったん破壊して自分だけのものに作りなおしつつ、なおかつそれをＡとして読みとらせないといけない。自分の内部にあるものを直接的に提示するんじゃなくて、それを表現へと練りあげていくなかで、外部にも通用する自分なりのルールを獲得する。それが、「アルファベットは武装していく」ことだと思うし、俺のスタイルも、そういう意味での武装だと思ってます」

　力を折りたたみ、その形を変えること。部分的に隠し、忍ばせること。はげしく逸脱させながらも、なおかつしっかりと読みとらせること。「直接的」に示すのではなく、「表現」すること。それによってアルファベットは与えられた解釈から離れ、コミュニケーションの「道具」であることをやめて、「武装」していく。

　とはいえその過程で作られるライターに固有のルールは、けっして説明的な言葉で語られるわけではない。それは内在的に、つまりその作品と一体になった状態で存在している。だから受け手の側としては、作品を見ることをとおして自発的にそれを感じとっていく必要がある。グラフィティとは、表面に見えている文字としての形を見せるものであると同時に、その背後にある感覚的なものを感じとらせるための装置なのである。決まりきった文字の形をあえて歪形（デフォルメ）し、見る者の自発的な感覚を呼びおこすことをとおして、自らのルールを密かに共有すること。そこには、説明的な言葉にもとづくのではない、ある種の共犯関係が生みだされる。

断片性と不純さの詩学（ポエティック）

　　摩れても摩れない ON THE ROAD
　　遠吠え聞こえる朝焼けの NIGHT
　　40oz 歌う 彼は飲まない
　　景色淀んだ公園とバー

空いた時間つかまえるPAPER WEIGHT

レートは高め　触れないSOUNDS

AROUND NEIGHBOR 知ると理解

「25時」(prod. 57MOVE〔ゴナムーブ〕)

　そのMCネームがすでにそうであったように、J. Columbusのラップ表現自体もやはり、説明的なわかりやすさを避け、断片的な言葉にたいする解釈を呼びおこすことでリスナーを巻きこんで、そこに一種の共犯関係を作りだすものだ。彼のラップにあるこうした特徴を指して、かつて私は彼のことを、「端的に文学者」と書いたことがある[4]。

　たとえばその語源[5]からいって、「小説」がなぜ「小」なのかといえば、そこで語られる内容が、国政や法律の是非などといった、公(おおやけ)の問題の取りあげる「大説」とは異なり、巷(ストリート)の伝承や噂話、あるいは極私的な物の見方などであり、その意味で「取るに足らないもの(=小さいもの)」だからだ。しかしそんな「取るに足らない」小説という芸術が、わかりやすい「正しさ」を説く言葉とは別の次元で人の心を動かし続けていることは、いまさら指摘するまでもないだろう。

　これみよがしに派手な〈文学的〉比喩を使うわけではないJ. Columbusが「文学者である」とは、たとえばそうした意味でのことである。じっさい、時事的な社会問題などを扱う場合が多いストーリーテリング・ラップとも違って、主観を抑え凝縮された断片的表現のなかで、日常の暮らしやパーティーのある瞬間、あるいは都市のなかでの心象風景を切りとっていくJ. Columbusのラップには、よくできた短編小説を読んでいるような手触りがある[6]。

4　「「情報戦争(インフォウォー)」時代における文化——星野源、A-THUG、Kamuiから考える」本書53頁。

5　後漢時代の歴史書『漢書』まで遡るのだという「小説」という語の原義については、魯迅『中国小説の歴史的変遷』丸尾常喜訳(凱風社、1987)を参照。

6　J. Columbusのラップをいちはやく「小説」と評していたのは、彼自身もそのメンバーである「読

これは最大限の賛辞として書くのだが、そうした短編を読んだあとは往々にして、「とにかくよいものを読んだ」という満足感以外なにも残らないものだ。それをすっきりと整理されたなんらかのメッセージに還元することはできない。しかしそういう小説にかぎって、本を閉じ、しばらく経ったあとで——場合によっては何ヵ月も、何年も経ったあとで——その細部が突如として思いだされることがある。こちらの意思を超え、まるで襲いかかるように思いだされるそうした細部は、結果としてわずかだが決定的に、こちらの現実のあり方を変えてしまうことがある。それはあの、「道具」が「武器」に変わる瞬間だといってもいい。恐ろしくもあり心地よくもあるようなそうした瞬間が、J. Columbusのラップを聴いていると起きてくるのだ。

　「昔、なにかのインタビューでデミさん（BUDDHA BRAND〔ブッダ・ブランド〕のNIPPS〔ニップス〕）が、ラップっていうのは説明したらダメなんだっていってて。BUDDHA BRANDって、複雑な熟語をガンガン使ってラップしますよね。俺はそういう表現をある種の 瞑 想（メディテーション）だと理解していて。すぐにわかんなくてもそこで立ちどまって考えたり、自分のなかにストックしておくことが重要だと思う。そういう発想は、俺自身のラップのスタイルにもすごく影響を与えてくれた。じっさい、前にやってたCIAZOO（シーアイエーズー。J. Columbusとしてデビューする以前、Lil MERCY名義で参加していたユニット）とかINGLORIOUS BASTARDS（イングロリアス・バスターズ。CIAZOOと福岡のRAMB CAMP〔ランプ・キャンプ〕、吉祥寺のMEDULLA〔メデュラ〕のメンバーからなる総勢13名のユニット）での俺のラップは、ほとんど英語の小説とかSF映画の引用からできていて、リリックがSFの世界になっていましたね。

　J. ColumbusとしてのデビューEP『SUN COLUMBUS』もじつはサン・ラ

書集団〕RIVERSIDE READING CLUB（リバーサイド・リーディング・クラブ。以下RRC）である。RRCの「W&I」氏による以下の文章は、近い距離から書かれたJ. Columbus論として必読の内容であり、彼の作品にたいする自発的な解釈から生まれた、独立した作品としても読みうるものである。「J. COLUMBUS NORTH TOKYO SOULTAPE ON STREAM」『WDsounds』2018. 3. 18.（http://wdsounds.com/?p=2579）【最終アクセス 2020. 12. 30】

へのオマージュで、木星から来たギャングスタが東京にいるって設定なん
です。正直、当時はずっと家でドラッグやってるような日々だったんですけ
ど、このままじゃだめだ、やるべきことをやろうと思って。転機になったのは
「YANAMI」って曲を作ったときです。SEMINISHUKEI（セミニシュケイ）って
クルーのSTARRBURST（スターバースト）の変名のYANAGI YAMIUCHIって
てトラックメイカーがたまたま家に遊びに来たんですけど、その日俺はスペース
ゴーストパープのライブを見てめちゃくちゃ食らってたところだったんです。そし
たらYANAGI YAMIUCHIが作ってたなかに、ちょうどそんな感じのトラック
があって。一人になったあとにひたすらリリックを書いて録ったラップをそいつ
に送ったら、すぐにアレンジして返してくれて。

　自分を触発してくるものに応えていけば、周りも応えてくれるんだって実感し
た瞬間でした」

　ジャズ・ミュージシャンのサン・ラは、「自分は土星から来た別世界人だ」と
公言し、無数の録音物やテクストをとおして独自の神話体系を築いた。はたか
ら見れば謎としかいえないような不可解な言動をつうじて彼が生みだした神話
はしかし、他にはない強度をもって、確実に伝わっていく。というよりもそれは、
共鳴を生みだしたというべきだろう[7]。慣用句に「打てば響く」というように、そこ
には、言葉を尽くしたコミュニケーションの手前と彼方で、いやおうなく真に迫
り、伝わってしまうものがあったのだ。J. Columbusがラッパーとしての転機と
呼ぶ経験も、そうした共鳴の次元にある出来事だった。

　「自分が触れたイメージの断片を提示して、そのなかに誰かに共通するもの
があることに賭ける。俺にとって、自分を表現するっていうのはそういうことで
す。俺の曲で「雨上がりのHOME」ってありますけど、あれを作ったときは
ちょっとトラブル起こしちゃって家にいられなかったんです。ちょうどheavysick

7　サン・ラのSF的コスモロジーが、Pファンクを経てデトロイト・テクノへと繋がっていく地下黒
　　人音楽の系譜については、J. Columbus、Phoneheadの両氏ともに強く影響を受けたと語る
　　野田努の名著『ブラック・マシン・ミュージック』（河出書房新社、2001）を参照。

〝時代性が強いものを作りたいとは
思っていない。
むしろなにかを変えるのは、
普通なもののような気がしてる。
一見すると普通なんだけど、
それに耳を傾けるなかで
繋がっていくものがあるような〟

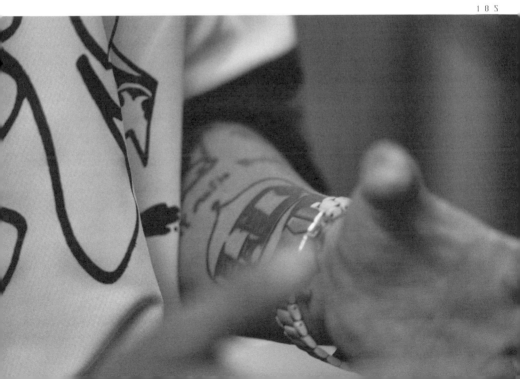

zero（ヘヴィーシック・ゼロ。東京・中野のクラブ）の周年パーティーがあって、出演してたMASS-HOLE（マス・ホール）とBLAHRMY（ブラーミー）と、終わったあとheavysick zeroでなんかわかんないけど飲みながら話してて。DLiP（ドリップ）の面々と日本酒をショットで飲んだりしてたと思うんですけど（笑）、すごく仲良くなって。トラブルの最中、朝までクラブにいたあとに仲間と音楽の話をしている、この情景を曲にしたいと思って作ったのがあの曲でした。ちょうどMASS-HOLEから送ってもらったビートがあったから、それを使って録音して。

　そうやってできた曲は、人や状況に触発された瞬間を、そのときどきの自分の言葉で切りとって再構成したものなので、あとになってからそれを聴くと、事後的に自分と対話する感じになる。そのときの自分といまの自分は繋がっているけど、ある意味で別のものでもあると思うんですよね。だからリスナーの解釈が俺自身の意図とズレることも当然あります。だけどそれは、まったく問題じゃない。前に二木（同席していたライターの二木信）が、なんかのレビューで俺の「25時」って曲のフックを引いて、ジャック・ケルアックの『路上』に触れてくれてたけど、あのリリックはそれを念頭に置いたものじゃなくて。だけど、それでいいと思ってる。そうやって解釈が変わっていくこと自体が、ものを作ることのおもしろさだと思うし。

　だから俺は、リリックのなかで、人にああしろこうしろとは一切いわないです。もちろん、自分の過去についての反省をこめることもある。だけど自分がやったことを都合よく純化したり無かったことにするとかじゃなくて。むしろ作品にすることでそれと向きあうんです。だから、リリックは正直じゃないといけないと思うし、たとえわかりづらくなっても余計な言葉は重ねないでいい。WDからリリースするものでも同じで、パッと説明できてしまうような作品じゃ意味がない」

　以上の言葉のなかには、J. Columbusという人物の根本にある詩学（ポエティック）を、つまり、広い意味でなにかを「作る」ときの根本原理のようなものを読みとることができる。厳密にいって彼の作品は、すでに閉じられ完成された〈私〉が、なんらかの状況に触発された結果生みだされたものではない。むしろそれは、はじ

めに状況があり、それに触発されるなかで〈私〉が生まれ、そのときに生みだされた〈私〉の記録(ドキュメント)として残される。つまりそこには、〈私〉→状況→作品ではなく、状況→〈私〉＝作品という回路があるのだ。

あらかじめ在る〈私〉が自分の体験した状況を語ること。そうした一般的な表現の回路は、〈私〉を中心に据えて、良くも悪くもその状況を整理・合理化することであり、純化することに他ならない。受け手の側は、結果として生まれる作品をただ外側から受けとることになり、つまりはそれを消費することになる。一方で、J. Columbusの作品のなかに私たちは、状況と一体となった〈私〉の記録を見いだす。単一の焦点をもたないからこそそれは、どこかきれぎれな印象を与え、一見して難解なものにも感じられるが、しかしだからこそ、その根元にある状況をより鮮明に届け、それを聴く私たちを、共にその状況のなかに立ち会わせることにもなる。

いわば断片性と不純さの詩学と呼べるそうした彼の方法のなかには、一般に、言葉を使った創作の基本(アルファ)にして奥義(オメガ)といわれる、「語るな、ただ見せるんだ(ジャスト・ショー)」という原則が響いているといえる。そしてそれはまた、彼のいう「クラシック」性の定義とも通じあうものだ。

「たとえばFEBBの『THE SEASON』(2014)の制作は、これからのクラシックになるものを作ることだけが唯一のコンセプトだった。つまり、圧倒的に格好いいものにすること。音だけで人を振り向かせうるもの。説明することでむしろその力を削いでしまうほどの圧倒的な格好よさ。それこそビギー(ノートーリアスB.I.G.)やモブ・ディープと並ぶような音源を作りたかったし、じっさいFEBBのあのアルバムは、そういうクラシックになったと思ってます」

「クラシック」なものは、わかりやすさや誰もが首を縦にふるような「正しさ」を超えて、いわば表現の強度がもつ伝染性のようなレベルで人を振り向かせ、否応なく人に伝わっていく。それをヘッズたちの言い回しでいいなおすなら、リスナーに「刺さる」ものであり「フィールする」ものだといってもいい。そうした表現は、たとえ断片的で謎に満ちたものであっても、頭ではなく身体にじかに(ダイレクト)

作用し、そしてそのなかで、聴く者の自発性を強く呼びさましていくことになる。
自分の内側から沸騰していく感覚、力の高まり、「アガる」っていうのはそういうことだろう。

「普通なものが、時代を変える」

　　IT'S NEW ME 数秒ごとに生まれ変わるFEEL
　　殺さないよう　まず深くBREATH
　　STEP 踏み込む　あの広いヤード
　　EVERYBODY 見ろ　このでかいアート

「NEW ME」

（prod. GREEN ASSASIN DOLLAR〔グリーン・アサシン・ダラー〕）

　だがここで注意しておこう。それが一般的な「正しさ」やコミュニケーションの回路を超えたところにあるとはいっても、彼のいう「圧倒的に格好いいもの」や「クラシック」は、なんでもありの無責任な言葉とはまったく別の次元にある。
　SNSのようなテクノロジーに深く浸食されたこの世界のなかにはいま、露悪的で扇情的な表現によって人の注意を動員する動きが一方にあり、そして他方で、原則的な「正しさ」にもとづいてあらゆる表現を裁いていく動向があって、この二つがしっかりと組みあったまま、一方が高まればもう一方がさらに高まるというかたちで、相補的に亢進しつづけている。このことは当然、ヒップホップのような文化にとっても無縁な話ではない。さまざまな「クラシック」が生みだされてきたその歴史のみならず、ラッパーとしての現在にもかかわってくるこの問題を、いったい彼はどのように捉えているのか。
　「難しいですよね。だけどやっぱりまずは、解釈の問題があると思う。いまでは差別的な言葉として捉えられるものでも、当初は異なって解釈されてたのか

もしれないじゃないですか。だから、いまこの時代に、差別煽動としてある言葉を使うことと、固有の文脈から発される表現としての言葉を、同じレベルで批判することは筋が違うと思う。

　だけどそのうえで俺自身のスタンスとしては、自分にできるだけ高いハードルを課しておきたいと思っています。ある言葉によって不特定多数の人が傷つきかねないのなら、それを避けるに越したことはない。それに、ある言葉を使わないと決めることで自分のルールができることもある。それをきっかけに、また新しい表現が作れると思うので」

　ヒップホップという文化がもつ歴史にたいする敬意と、対話にたいして開かれた姿勢。そしてそのうえで、状況をふまえた「新しい表現」を作っていくこと[8]。こうした発言の時点で、一人の表現者としてのJ. Columbusの覚悟をはっきりと感じさせるものだといえるが、さらに注目するべきは、その先に彼が見すえているものだ。

　「俺は、ラップにせよレーベルとしてのリリースにせよ、時代性が強いものを作りたいとは思ってないんです。もちろんそれは、時代からただ目を背けるってことじゃなくて。むしろなにかを変えるのは、普通なもののような気がしてるんですよね。普遍性とか、一般性といってもいい。一見すると普通なんだけど、それに耳を傾けるなかで繋がっていくものがあるような。こういう考え方は、オフサイド・トラップやE.S.I.P.みたいな、10代のころに観ていた東京のハードコア・バンドに影響を受けていて。たとえばE.S.I.P.は「世のなかに正義なんて存在しないけど、自分のなかに正義はある」っていっていて、本当にその通りだと思うし、ハードコアっていうものの教えだと思う。自分たちのなかの正義。

8　ここで彼がいう、状況を受けた「新しい表現」や、続く箇所でいわれている「普通なもの」が、具体的にどのような水準で考えられているかを知るためには、たとえば、この節の冒頭に引いた「NEW ME」の歌詞の一節を、2014年以降の反レイシズム運動の標語の一つである"I CAN'T BREATHE"を脇に置いたうえで読んでみるといい。一見した「普通さ」とは裏腹に、そこに大きな力が折りたたまれていることに気づくはずだ。

あと、このあいだ『オタク IN THA HOOD』[9]の収録でちょっとウォーゾーンのことを話したんですけど、彼らはアイアンクロスを自分たちのイメージとして掲げてるんですよ。だけどライブのとき客に「これは日本だとナチのシンボルなんだ」って指摘されたらそれに耳を傾けて、「これはニューヨークだとユニティって意味なんだけど、ここではそういう意味なんだったら、俺たちは今日これを外してライブをやる」っていっていて。そういう姿勢には、すごく影響受けてますね。自分なりの感覚を軸にしつつ、それを表現する過程で、他の人と共有できるものにしていく。たとえばRIVERSIDE READING CLUBでは、レイシズムを論じた本を持ち歩いては写真を撮ってツイートしたりしている。それは、レイシズムについての本を読むっていう行為を、ごく当たり前のこととして共有したいんですよね。それが「正しい」からとか、ましてや流行ってるからとかじゃ全然ない。それこそ、自分たちのなかにある正義としてやっている」

　そのときどきの時代に左右される世のなかの「正しさ」などではなく、「自分たちのなかにある正義」に根ざすこと。とはいえそれは、閉じられた自分の価値観をまた別の「正しさ」として掲げ、他者にたいして押しつけることではない。「自分たちのなかにある正義」は、状況に応じ、また共に場を過ごす者たちに応じて、自在に変わっていくものだ。それはブレるということではまったくない。場や状況に応じて変わっていかないことのほうが、よほど不自然なことである。逆説的な言い方になるが、流れのなかで変わることができない者ほど、かえって自分をもっていないものなのだ。

　J. Columbusの盟友であるFEBBもかつて、繰りかえし見返すに足るある動画インタビューのなかで次のようにいっていた。「単純に「everyday people」っていうかさ、その辺に座ってるオッサンの代弁者がラップっていうか。けど読んでるのは新聞っていう。だから、当たり前に、みんなちゃんと勉強するべき

9　「オタク IN THA HOOD：LIL MERCY (a.k.a. J. COLUMBUS)」(https://www.youtube.com/watch?v=h41TAhqn4qc)【最終アクセス 2020. 12. 30.】

だと思うんですよね、ちゃんと。いうまえに」[10]。けっして説明的ではなく、それこそ断片的な言葉である。だがそれでも——伏し目がちな表情やそれ自体音楽的な語調も含めて——真に迫って伝わってくるのは、ここでFEBBが、J. Columbusのいう意味での「普通なもの」や「一般性のあるもの」へと向けて自分自身を開き、たえず変わっていくことの重要性を説いていることである。

ラップが「everyday people」＝日常のなかですれちがう市井の人々の代弁者であるとは、すでに完成され閉じられた自分が、彼らのことを代表して歌うことをいうわけではない。むしろそれは、そういった恩着せがましさとは別のなにかであり、「自分なりの感覚を軸にしつつ、それを表現する過程で、他の人と共有できるものにしていく」プロセスに他ならない。いいかえるならそれは、自らの表現の場所を、表現者としての自分とそれを届けるべき相手との「あいだ」に設定することだといえる。

そして、自他の「あいだ」にあるこの場所には、一つの名前がある。

場所としての一人称複数（われわれ）

WE ARE YOU YOU YOU

「I'M STILL HERE」(prod. 57MOVE)

それこそが、J. Columbusが自らのフッドにつけた"NORTH TOKYO"という名である。それは具体的な場所のことでもあるが、同時により抽象的なイメージ空間でもある。この点については、別の場所からやってきながら、いまや深くそこに根を張ることになったPhoneheadの言葉が重要だ。

「僕はもともと京都にいて。これは、京都のシーンになにかあっていうわけ

---

10 「FEBB：作りたい音楽」『ニートTOKYO』2018. 2. 18.（https://www.youtube.com/watch?v=AKZN2iaJLjA）【最終アクセス 2020. 12. 30】

じゃぜんぜんないんですけど、向こうにいたころは、自分が普段生活している環境のなかにフィールできるヒップホップってなかったんですよ。それは自分が街っていうものにたいしてコミットしていなかったということでもあると思うんですけど。むしろ聴いてたのは、Dogear Records（ドッグイア・レコーズ）だったりWD、もっというと、マーシーさん、J Columbusだった。

そっから東京に移ってくることになって、たまたま妻が選んでくれた練馬のあたり、この辺からすぐ近くの場所に住むことになったんですけど、住んでみてあらためて、マーシーさんが"NORTH TOKYO"って歌ってるのって、このへんのことなんだって強く実感したんですよね。マーシーさんのリリックは、たんに街の情景を描くじゃなくて、街のなかに身を置くなかで浮かんでくるイメージというか、心象みたいなものを描いている。だからこそ例えば、『NORTH TOKYO SOUL TAPE』ってタイトルが付けられているんだと思うんですけど、あらためてこのあたりの街なかでそれを聴いてると、「自分がここにいることって、すごく具体的なことなんだな」って思えたんです。その感覚は、たんに普通に住んでるだけじゃ感じなかったことで。リリックのなかから立ち上がる半ば不鮮明な図像や光景や感情が、いま自分の目の前にある現実だと思わしき世界のパースのなかで違う形のものとして生起するというか。「ああ、いま自分は"NORTH TOKYO"で暮らしてるんだ」って思えて。それはある意味でJ. Columbusの詩のなかに住んでいるということでもあると思う。それってやっぱり作品の力だし、言葉の力なんですよね。それは僕にとってめちゃくちゃ救われる体験だったんです。本当に救済だった。

一般的にヒップホップって、自己像を強化していく音楽だと思われるじゃないですか。この社会のなかで、どういうふうなアカウントとして自分を提示するかが問題になるというか。だけどJ. Columbusはそこがぜんぜん違っていて。じっさい「自分」とか「主体」っていっても、一生ブレない、24時間変わらないままってことはありえない。実は主体って、普通に複数あって、凹んでるときもあればブチ上がってるときもある。ブチ殺したい奴がいるときだってあるわけ

だし。マーシーさんは、そういうその時々の自分を、断片として街のなかに分散するように書いている。だからこそそれは、「私」の話であると同時に、「私たち」の話になりえるんですよね。フッドを名づけるにしても、特定のどこって街の名前で小さく囲いこむんじゃなくて、"NORTH TOKYO" って大きく構える。だからみんなで居れる。サン・ラは "Space Is the Place" っていったけど、それでいうなら僕たちにとって、"NORTH TOKYO Is the Place" ですね。

だからこそライブで僕がバックDJしながらマイク持ってるのって、そもそもプロパーじゃない人間がやってる「ヒップホップ的なジェスチャーとしてのギャグ」というほんの少しの照れ隠しと共に、ここにある「"NORTH TOKYO" みんなのうた」に積極的に加担したいという気持ちの現われでしょうね。なんの誇張も必要なく J. Columbus の歌は "NORTH TOKYO" で生きる人間全員の歌だと思っています」

J. Columbus は "NORTH TOKYO" を歌う。だがその描写は、やはり断片的で、「これはこうだ」といいきれない不純さをもつ。とはいえここでいう断片とは、より大きな全体から欠け落ちたその一部のことではない。それはそれ自体として独立しているものであり、その意味で閉じられたものだ。だからこそそれは、一見して難解で、理解を拒んでいるようなものにさえ見える。しかしその難解さこそが、同時に人を解放するものでもある。

つまりそれが、変わらない「自分」を中心に整理され「純化」された排他的な連続性のなかで、あらかじめ説明されていないからこそ、人は "NORTH TOKYO" の断片のなかに自分の思いを読みこみ、それを起点にして、あらためて自らの物語を語りだしていくことが可能になるのだ。まさに Phonehead がそうであったように、「街のなかに分散」された断片を自発的に解釈することをとおして、"NORTH TOKYO" は J. Columbus だけでなく、そこに「生きる人間全員」のものになっていく。けっきょくのところ、こうした断片的なものこそがもちえる共同性を掴んでいるからこそ、ラッパー J. Columbus は、同時にまたオーガナイザー Lil MERCY でもありえるのだろう。彼の以下の言葉に耳を傾

けよう。

　「ZEEBRA（ジブラ）とか G.K.MARYAN（ジー・ケー・マーヤン）とかが「城南」っていうけど、それでいったらこの辺は城＝東京の北だから「城北」だなって思って。あとはモブ・ディープの「UP NORTH TRIP」って曲が超好きだったのもあったりとか。それであるときから、"NORTH TOKYO" って言葉を使いはじめたんですよ。だからいろんな場所に遊びに行ったりはするにしても、基本的に俺はいつも "NORTH TOKYO" にいるし、いる人間でありたいっていう自負も込めて "NORTH TOKYO" っていってます。NY のラッパーが "Brooklyn all day"、「オレはいつもブルックリンにいるぜ」とかっていうのと同じで。

　ヒップホップってわりと South に注目が集まるじゃないですか。向こうだと North の方がどっちかっていうと豊かなエリアって前提があるから。俺の好きなスチュアート・ダイベックの小説に『シカゴ育ち』ってあるけど、あれもそういう 筋 だし。だけど自分はやっぱり池袋とか、東京の北の方で育っていて、この場所があっていまの自分があると思う。人との出会いも場所が作ってくれたから。この場所に自分がいるのは、もちろん偶然もあるけど、いろんな人との出会いのなかで生まれた必然って部分もあると思っています。

　たとえば、もう 10 年以上前、STRUGGLE FOR PRIDE（ストラグル・フォー・プライド）の今里さんが、「マーシーくん、おもしろいところがあるから行かない？」って誘ってくれて、BED でやってる SEXORCIST に行くようになって、そこであらためて "NORTH TOKYO" との繋がりができていった。そういうのは必然だと思うんですよ。そういう必然性の流れのなかで、自分もごく自然にオーガナイズをやりはじめたんだと思うし。だから場所を作るっていうのは、必然性を高めることだっていっていい。自分が、自分たちが、あるいは未知の誰かがそこにいる必然性を高める。

　このあいだ、JUMANJI（ジュマンジ）の RENA（レナ）と LSBOYZ（エルエスボーイズ）の Meta Flower（メタフラワー）と一緒に、DJ HIGHSCHOOL（ハイス

クール）のトラックで曲を作ることがあって、自分のパートを書いてるとき、「放送するフロム・ザ・アンダーグラウンド」ってフレーズが浮かんできたんです。「アンダーグラウンド」って、二項対立に縛られてるみたいで好きな言葉じゃなかったんですけど、コロナのこととかも含めていろいろと考えてるうちに考えが変わって。つまり、アンダーグラウンドっていうのもけっきょく、フッドに根づいているかどうかだって考えるようになった。逆にオーバーグラウンドなものからは場所性が失われていて、フッドっていう概念がない。どっちが良いとか悪いとかいうことじゃないけど、俺はフッドに根づいたものって意味で、アンダーグラウンドな音楽をやっていきたいですね」

フッドとは、高められた必然性の別名である。必ず然り。読んで字のごとく、「かならずそうなること」、「それ以外にはありえないこと」。いいかえるならそれは、なにかをやるとき（あるいはやらないとき）に、自分たちの外側にこれといった理由や「正しさ」を必要としない空間であり、そこに属す者たちの自発性が全面的に展開される空間である。ようするにそれは、きわめて本質的な意味で自由な空間だといえる。

コロナ禍のなかで移動が制限され、あらためて都市の役割が純化されて、それがもっていた不純な豊かさが失われていくなかで、こうした彼の活動がどれほど意義深いものであり、また深い意味でどれほど政治的なことかは、あえて強調するまでもない。「アンダーグラウンド」であることは、文化にとってのみならず、私たちが本当の意味で自由であるためにも欠かすことのできないものであるはずだ。そしてだからこそ私たちは、あらためていまこそ、J. Columbus のラップを聴くべきなのだ。

＊＊＊

インタビューを終えた私たちは、撮影のためにそのまま夜の池袋へ出ていった。時はコロナ禍、そのなかを移動することさえ潜在的な〈悪〉とされるような

状況のなかで、しかし彼らと歩く街はすぐに、行きに眺めていたすがたとはまったく違うものに見えていった。かねてロケハンしていた場所を巡り——駅前で撮影しているとあっというまに湧いてきた警察を笑いながらかわしつつ——撮影をしていくなかで、最終的にたどり着いたのはJRの線路沿いだった。普段なら閉まっているはずの車両整備スペースがなぜか全開で、そのまま広い空き地に出た。線路を挟んだ埼京線のホームにはまばらな人影があり、かえって人気のなさを際立たせていた。空き地は漠然として広く、本来なら作業用なのか、青白いライトが暗闇のなかを転々と照らしている。もう何時間も飲み続けている私たち以外、そこには誰もいない。東京に住んでもう20年近くが経ち、それなりには知っているつもりだったが、そこにあったのは完全に見たことのない池袋であり、ほとんど意味がわからない光景だった。

　気づけばいつのまにかみな、空き地のなかでバラバラに場所を占めている。遠くで撮影されているマーシーさんと、彼に並び、着ていたコーチジャケットの背に書かれたWDのロゴを指差してカメラに収まるフォンさんのすがたを見ながら私は、きっといま自分も"NORTH TOKYO"にいるのだろうと感じた。

　場所に根ざすこと。地下深くに根を張ること。それこそが私たちを救済するものであり、コロナ禍のなかで私たちにできる本質的な抵抗のあり方である。

4

すべての苦しむ同胞のために

DyyPRIDE

取材・文＝新教出版社編集部・堀 真悟

"アーティストって自分を晒け出す存在だと思う。つらい経験から学んだこともすべて俺の宝だし、それを人とシェアしたい。"

ようこの国日本、嫌いじゃねえけど、真面目に生きようと

下郎並みの扱い受ける Ghetto 底の底の方からこんにちは、

テンションなら上がらねえ何時もこんなもんだから

宝の持ち腐れ誰かが耳元で囁く幻聴するまで吸う畜生

道歩けば即職質刑事、何が正義？

目見て Say Let me See グリーンカード

ファック バイリンガル 計り知れない努力、苦痛、空しさ、

悔しさバネになんて苦労知らずのマヤカシサ、

俺はココに居る、何時の間にか死んだ自分前にした鏡ん中、

これがサダメなんかなあ？

さあな自問自答、危篤時刻、精神苦痛の被害者、精神疾患者

俺のアフロ気に入らん理由それだけ、

俺はちょっと髪伸ばしてみただけ

Damn マジかよ、シラミだらけのテメエの髪型よりマシだろ、

柵だらけの人生馬鹿な話だろ、独断、偏見、成り立つ社会、

毒吐く口元負ければ立てない開き直り、やけっぱち合言葉スアサイド

ドア開いた先に待ってる外がアウトドアだ

アウトとは自分のスイッチ切っちまう事だ

今懐かしく思うアーム切り刻んだ日々

あの時の俺は何時しか死に絶え今の俺に切り替え、

どれが本物？　何時か知りたい

人間の証明生きていると証明実現するのは何時か不明

想定外の道歩む Legs 透明の足と続ける冒険

人間の証明生きていると証明実現するのは何時か不明

想定外の道歩む Legs 透明の足と続ける冒険

DyyPRIDE（ディープライド）のファーストソロアルバム『In The Dyyp

Shadow』(2011)に収録されている「人間の証明」の1バース目だ。当時の印象は強烈だったし、いま聴き直してもそれは変わらない。独特なフローを伴った詞は、聴く者を戦慄とともに踊らせる強度を備えている。

　そのような歌詞を書くDyyPRIDEは、いったいどのように生きてきたのだろう。繰り返し傷つけられ、ときには自分で自分を傷つける。彼はその中で何を思い、何を見つけたのだろう。彼が檀廬影という新たな名で刊行した小説『僕という容れ物』(立東舎)は、その問いに分け入るための手がかりになってくれるような作品だった。でも、まだ足りない。わたしたちは、彼を訪ねなければならない。

ガーナと日本の狭間で

　「生まれたのは横浜の外れだった。親父はガーナ人なんだけど、親父の叔父がかつて日本に来たガーナ大使団の一員だったこともあって、日本に来たらしい。で、親父がお母さんと結婚して、俺が生まれた。お母さんには連れ子で娘と息子がいたから、俺はその下ってことになるね。

　ただ、親父とは家族と呼べるような関係じゃなかった。俺が6〜7歳のときに、親父は家を出ていっちゃったんだ。親父は仕事を掛け持ちしては寝る間も惜しんで働いて、金を貯めることにばっかり精を出しているような人で、俺のことを自分の子どもとしては扱ってくれなかった。ガーナの文化や言葉を教わった経験なんてまったくないままだったし、その後親父は俺の下にあと3人子どもができたらしいんだけど、ほとんど会ったこともない。

　親父のいない家では、ずっと音楽が流れてた。兄貴がDJをやってたし、お母さんもソウル・ミュージックが好きだったから。ただ、当時俺自身はそこまで音楽に興味がなかったね。それよりも、『日本昔ばなし』とか『笑ぅせえるすまん』みたいな、ちょっと怖いものや奇妙なものに惹かれてた。ヒップホップでもKRS-ワンとかの悲しい雰囲気の曲を選んで聴いてたかな。イージー Eみたい

なギャングスタ・ラッパーも好きだったけどね」

分裂した自我を言葉に

　ひび割れた家庭環境でも、物語や音楽の世界に身を沈めることはできた。そのまま成長できれば、ある意味では楽だったのかもしれない。だが、DyyPRIDEに襲いかかったのは厳しい差別の現実だった。

　「肌の色や髪みたいな見た目で差別されることばかりで、何もしてないのにいきなり「ガイジン」とか言われて殴られたりしてた。でも、それ以上にキツかったのは、同じ境遇の人が周りに誰もいないことだったな。日本に暮らす外国人にとっては、家族やコミュニティに守られていることが生きるうえで重要な基盤になると思うけど、俺の場合はそれがいっさいなかったんだ。たとえば、どういう髪型でいるのが普通なのかがわからないんだよ。それなのに、「黒人だからバスケうまいんでしょ、ダンスうまいんでしょ、歌うたえるんでしょ」みたいなステレオタイプの黒人像ばかり押しつけられて、完全にノックアウトされてた」

　聞きながら、公民権運動家W.E.B. デュボイスの言葉を思い出した。「アメリカの世界——それは、黒人に真の自我意識をすこしも与えてはくれず、自己をもうひとつの世界（白人世界）の啓示を通してのみ見ることを許してくれる世界である」（『黒人のたましい』木島始ほか訳、岩波書店、1992、p. 15）。DyyPRIDEもまた、日本社会の歪んだレンズを通して自らを見ることを余儀なくされていたのだ。

　「子どものときは、何か言われても最悪手を出しちゃえば何とかなってたんだよ。「ガイジン」とか言われても、「うるせぇよ」ってぶん殴れば済んでた。でも、歳を取って自我がはっきりしてくると、いよいよ精神的にキツくなってきて。学校でどんなにひどいことをされても、こちらがやり返せば「喧嘩両成敗」の一言で片付けられて、味方してくれる先生なんていなかった。要するに、先生も「ガイジン」のことが好きじゃなかったんじゃないかな。

〝つねに頭の中で炸裂するものを言葉にしないと
正気を保つのも難しかったんだけど、
それがラップの形を取るようになった。〟

そのころから、俺は自分でも気づかないうちに、家とかで叫び声を上げるようになってた。それは、急に意識が遠のいて現実感を失ってしまう、いわゆる離人症という病気で。当時は本当に自分を見失ってたし、お母さんには相当苦労をかけたと思う。いまも発作が出るときはあるけど、もうそれにも慣れちゃったね。

いちばん病気の症状がひどかった19歳のとき、生きづらい日本を出て、親父のいる故郷でしばらく暮らしてみようと思ってガーナに行ったんだ。でも、親父を訪ねて泊めてくれって頼んだら、「嫌だ」って言われて。そのうえ、当時俺はせめて近所のおじさんくらいの距離感で付き合っていこうと譲歩して、親父のことをサムって呼んでたんだけど、「親戚の前でサムなんて呼ぶな。もっと親として敬意を払え」なんて言われたもんだから、俺も「お前なんか親父じゃねえよ」ってキレちゃった。人の気も知らずによく言えるなって思ったよ。それから何年かは、募る恨みにフタをして過ごしていたから、精神的に良くなかった」

故郷に思えたガーナも、彼にとってはひとつの袋小路だった。とはいえ、自分の内面へと閉じ籠ることもできなかった。容赦ない偏見の刃が、すでに彼の心をズタズタに切り裂いていたからだ。やがてその傷口からは、血が言葉となって溢れ出てきた。ラッパー、DyyPRIDEの誕生である。

「つねに頭の中で炸裂しているものを何とか言葉にしないと正気を保つことすら難しかったんだけど、それがラップの形を取るようになったのが20歳のときだった。兄貴の影響で、子どものときからヒップホップが身近にあったから、ほかの表現方法が思いつかなかったね。次第にJUMA（ジュマ）やOMSB（オムスビ）みたいな同じハーフのラッパーたちとつるむようになって、救われたような気持ちになったよ。とくにJUMAとは仲が良くて、最初にあいつの家に泊めてもらった夜は、人生でいちばんゆっくり眠れたと思う」

洗礼・インザディープシャドウ

　DyyPRIDEはやがてJUMAやQN（キューエヌ）、MARIA（マリア）、OMSB
などといった仲間たちとクルー SIMI LAB（シミラボ）を結成、ラッパーとして本
格的に活動を開始する。しかしそれは彼の傷を癒したわけではない。「人間の
証明」が収録されたファーストソロアルバム『In The Dyyp Shadow』は、むし
ろ、その傷の深さを象徴するような作品である。

　「当時は自殺衝動がとにかく凄まじくて。『In The Dyyp Shadow』は、その
歌詞を自分の遺書にしようと思って作ったアルバムだったんだ。このアルバム
を出したら、あとはもう死ぬだけ。誰かを殺すか、誰かに殺されるかくらいの
気持ちがずっとあって、自分より体がデカい奴に絡まれても喧嘩を買ってたね。
まぁ、殺すよりは、殺されるほうがまだいいと思うけど（笑）。

　それでも、一回ロサンゼルスに行ったときはすごくよかった。「In The L.A」っ
て曲でも歌ってるけど、自分もナチュラルに過ごしていいんだってはじめて思え
たんだよ。日本ではずっと、どんな顔をして歩いたらいいかもわからなかったか
ら。いまでも街に出るたびに言われるよ、「日本語うまいですね」とか「日本に来
て何年目なんですか」って。でも、いまはある程度慣れちゃったし、そもそも
自分が何人かなんて、どうでもよくなっちゃった」

　では、その「深い闇の中」から抜け出す契機は何だったのか。

　「『In The Dyyp Shadow』を出したあと、酒とタバコにめちゃめちゃのめり込
んでて。水も飲まずに連日ひたすら酒ばっかり飲んでたら、脳梗塞みたいに
なっちゃったんだ。手足がしびれて、しゃべるのもやっとの状態だったんだけ
ど、食うためにはバイトに行かなきゃいけない。当時はマンションとかの外壁を
洗浄する仕事をしていたから、すごいキツかった。

　でも、あの体験は、俺にとっては洗礼のようなものだったんだと思う。俺は
あのとき、神さまの愛をたしかに感じたんだ。人生を恨むあまり本当にどうしよ
うもなくなっていた頭を、デカい拳でガツンと殴られたみたいだった。じっさい、

それ以来俺の意識はガラッと変わった。以前の俺には、人の気持ちなんて考えずに言いたいことを言う冷酷で捨て鉢なところがあったけど、そうやって負の感情にとらわれていても物事を良い方向には動かせない。体を治すのには結局5年くらいかかったよ。でも、その過程で思えるようになったんだ。生き抜こう、生き抜かなきゃ、って」

　2013年に発表されたDyyPRIDEのセカンドソロアルバム『Ride So Dyyp』は、こうした意志が明確に反映された内容となっている。以下の曲「Pain」を聴こう。

　　　腹に刺さったナイフ抜き取り闇に投げ捨て　練り歩くテリトリー
　　　インザディープシャドウが人生の師匠
　　　古傷達が指し示す秘宝　治療の後にはリロード完了
　　　前よりも改良され舞い戻る　何時の間にか人生のプロセス
　　　流れの一環に組み込まれてる　踏み止まれん　ドントウォントスリープ
　　　ピエロのフリしてる間に日が暮れる　陰陽矢の如く
　　　泥に塗れるがこのやり口に間違いはねえな
　　　疼く古傷が指し示す道　静かに首肯きそちらへ進む
　　　闇に虹色の汽笛鳴り響かす　不敵な笑み浮かべ　浮かべる船
　　　朝に目が覚めて　夜に眠る　いつか産まれていつか死ぬ
　　　朝に目が覚めて最期を思うから立ち上がり波打つ鼓動

　大きな痛みを伴って訪れた、神秘的な「洗礼」体験。それを経たDyyPRIDEは、かつて自らが囚われていた闇も傷も「人生の師匠」として疾走_{ライド}しはじめる。

檀廬影への転生

　軌を一にするように、所属するクルー SIMI LAB の人気も絶頂に達していた。たとえば SIMI LAB のセカンドアルバム『Page2：Mind Over Matter』(2014) に収録された曲「Dawn」。客演・菊地成孔のサックスに乗る Dyy PRIDE のラップは、さらなる高みに手をかけている。

> 日が昇る前が一番暗い Like my life
> 闇を徘徊 死神と High five
> 今開花せんとする蕾と破壊的なライム
> 壁にぶち当たったら即爆破するダイナマイト
> うす青白い空切裂くバタフライナイフ
> 切っ先の上で美しい魂と再会し愛し合う
> 奇跡のトワイライト
> 今明けようとしている千年支配し続けた Night
> どれほど暗く長い道のりだろうと明けない夜は無い
> 転ばない人生なんてつまらない
> てめえの legs 骨になるまで forever run
> エンドレス 魂燃え尽きるまで終わらない fight
> 闇で鍛えあげた身体 これからが本番
> 暗い混乱の中で見出した答え
> Deep blue sky に向かい scar 刻まれた arm 掲げ
> ピース 感謝捧げ胸弾ませる for hard times

　しかし、2017年に DyyPRIDE は突如 SIMI LAB からの脱退を表明する。そのとき彼には、自分がこれからなすべきことが見えていた。

　「SIMI LAB のセカンドを出したあたりで、ちょっと燃え尽きちゃったんだよね。

ラップで言いたいことは、もうそんなにないなって思った。適当なことも言えないし。ラップすること自体は楽しいしこれからもやっていきたいんだけど、それよりも、文章そのものがもっているリズムに気づきはじめたところがあって。そのリズムを表現するためには本を書かなきゃ、と思ったんだ」

　かつてDyyPRIDEは、頭の中の混沌を吐き出すために言葉を書きつけていた。しかし、もはやその次元に彼はいない。作家・檀盧影への転生だ。

　「最初はなかなか書けなくて、旅行先のインドで書こうともしたけれどやっぱりダメで。一度は、切り替えて映画を撮ろうともしたんだよ。フォークリフトの仕事をしてがんばったんだけど、鬱っぽくなって辞めちゃって。もうどうなってもいいから書こう、と思って4ヵ月くらいで集中して書いたのが、『僕という容れ物』だね」

「僕という容れ物」

　檀盧影『僕という容れ物』は、DyyPRIDEのラップの世界観をそのまま物語にしたような凄まじい小説である。時空間をも飛び越え、「僕」と「オレ」と「私」、三つの自我が絡み合っていく。その過程で、読者は何度も主人公（たち）の非業の死を目の当たりにすることになるのだ。

　「これは、俺の自殺衝動を、前世の自分の断末魔が及ぼしてくる効果（エフェクト）だと仮定して書いた本なんだよね。もしも前世というものがあるとしたら、俺は前世で自殺してるんじゃないかと思うんだ。なにせ20歳ごろの自殺衝動は本当に凄まじくて、まるでボブ・サップばりの巨漢に胸ぐらをつかまれて、急斜面の上から下まで引きずり落とされるような感じだったから。

　でも、いま思えば、その苦しみは前世の因果の償いだったのかもしれない。たぶん、前世の俺は22歳くらいで自殺してるんだよ。だから俺も、同じ歳までは苦しまなきゃいけなかった。逆に言えば、脳梗塞みたいになってから生活や考え方がガラッと変わったのは、それまでの因果を乗り越えられたってことなの

かな、と思う。

　そんなことを考えながら書いた結果、『僕という容れ物』は、主人公が何度も死を迎える輪廻の物語になってるんだ。あとは、変にかしこまらずに言葉のリズムに任せて書いたって感じかな。じつは、書いてたときのこともあまり覚えてないんだ。当時鬱がひどかったのもあって、机に向かっていたことは覚えていても、「ここをああして、こうして」みたいなことはほとんど記憶になくて。半ば瞑想状態みたいだった」

　興味深いのは、そのタイトルである。「人間の証明」の2バース目には、以下のようなラインが含まれていた。「僕と言う入れ物戦闘機に乗るが、即レバー引きちぎって発進不能」。ラッパー・DyyPRIDEと作家・檀廬影の間には、やはり通底するものがあるのではないか。

　「『僕という容れ物』は、前半は「僕」の一人称の視点から描かれているけれど、後半はそうではなくて。三人称の「私」視点から「僕」の人生を俯瞰するような感じなんだ。俺は離人症にずっと苦しめられてきたから、自分っていう人間の中にいるのはひとりの人格だけだとはいまもぜんぜん思えない。「僕」とか「私」みたいな複数の人格がいて、ときには悪魔みたいな「オレ」すらも顔を覗かせてくるんじゃないか。自分はただの容れ物なんじゃないか、って。その感覚が、いつもあるから」

　あえて言うが、『僕という容れ物』は明るい物語ではない。深い闇の中を手探りで歩き、容赦ない死に行き当たる。しかし、その終局。「終わりの見えない長い長い夢の後で」目を覚ました「僕」は、もう一度歩きはじめるのだ。「自ら命を絶つよりもちょっとマシな生き方を探して」。命を絶つな、ではない。清く正しく生きろ、でもない。ただ、「ちょっとマシな生き方を探して」。いまの世の中で、この言葉に救われる人はどれだけ多いだろうか。

　「うれしいのは、すごいインテリの人から普段は本なんて読まないっていう人まで、俺の本を読んだ人がみんな「おもしろい」って言ってくれるんだ。じつは書き上げてから刊行までにはけっこう時間がかかったんだけど、俺の本を読

んで何か力を得てくれる人がいるんだとしたら、それによって俺自身が一番救われるし、冗談抜きで俺の魂が成仏すると思う。自分の欲を満たすためだけに生きるのは、やっぱり限界があるから」

すべてに宿る神と共に

檀廬影は、「洗礼」、「成仏」、「魂」といった言葉をためらいなく使う。それは、彼がたしかに備える霊性の証しだろう。もちろん、組織化された宗教のそれではない。彼の目には、もっと根源の部分が映っている。

「最近、いろんな宗教のことを独学で勉強してるんだ。その中で思うのは、宗教の教義はすばらしいけれど、肝心の人間のレベルが低いってことだね。たとえば聖書。その教えを誰もが100％実行できたら、全人類が幸せになれるはずでしょ。でも、人間がまだその域に達していない。宗教の組織的な面にばかりのめり込んで、どんどん排他的になっちゃう。

ただ、どの宗教であれ、あるレベルに達した人ってみんな相通じるところがあるんじゃないかな。俺自身の宗教観は汎神論に近くて、自分、他人、あるいはこの空気、神はすべてのものの中に宿ってると思ってる。だから、どの宗教に所属しているかなんてあんまり関係ない。イエス・キリストだって、ヨガの導師たちだって、あるいは宮沢賢治みたいな宗教的な作家だって、みんな同じ神さまにつながっていると思うし、俺はそういう人たちの存在をなんとなく側に感じることがある。たとえば、ヨガの聖典を噛み砕いて読んで、自分の生活の中で実践しようとしているときに、すごく神さまの愛を感じて満たされるんだ。そのときには、イエス・キリストだって自分の側にいて、「がんばれよ」って感じで見守ってくれている気がする。

とはいえ、キリスト教のことは、じつはもともと好きじゃなかった。だってキリスト教ってなかば学問みたいになってるでしょ、「神学」って言うくらいだし。それを悪用する人たちの悪い念まで乗っかっちゃって、本質的な魅力が見えな

〝俺の本を読んで
何か力を得てくれる人がいるんだとしたら、
それによって俺自身が一番救われる。
自分の欲を満たすためだけに生きるのは、
やっぱり限界があるから。〟

くなっちゃってる気がする。あと、キリスト教はイエスっていう人だけを神さまみたいに扱っているけど、それは逆に偶像崇拝みたいになってるんじゃないかな。

　だから、俺はいまイエスに限らずアッシジのフランチェスコみたいなさまざまな聖人たちに興味があるんだけど、そうなったきっかけは、フィリピンに行ったときカトリックの教会を訪ねたことだった。フィリピンはカトリック信者が多くて、みんないい人たちだなと思って教会に行ってみたんだけど、たいしたことなくて。帰ろうと思って教会を出たとき、噴水池の真ん中にマリア像が立っているのを見つけたんだ。その像がすごくて、愛の波動が溢れ出ているというか、とにかく喰らっちゃって。あれに比べたら、教会なんてただの箱物だよ。それからだね、キリスト教に興味をもつようになったのは」

　この語りは、キリスト教をはじめ宗教を学問的に修めた人であればあるほど、受け入れがたいものかもしれない。だが、檀廬影に訪れた変化は、宗教に秘められた本当のものに彼が触れたことの表れではないのか。たとえば以下の出来事ひとつ取っても、それは決して小さな変化ではないはずだ。

　「親父のサムとは、ガーナで訣別して以来、数年間まったく連絡を取ってなかったんだ。でも、あるとき親父からいきなり電話がかかってきてさ。何かと思ったら「ガーナに30エーカーの土地を買った」って。「何だよ、30エーカーって。西部劇かよ（笑）」と思って調べたら、約3万7000坪の広い土地で。そこで農場をやるっていう自慢話の電話だった。親父は調子よく「遊びにおいでよ」とか言うんだけど、俺ははっきりと「サムって呼んじゃダメなんでしょ。じゃあ無理だよ」って言ったんだ。親父は「そりゃそうだ。俺はお前の父親なんだから」ってなって、ついにはめちゃめちゃに怒り出したから、俺は「俺たちの間に親子と呼べる関係はいままで一度もなかったよ。それなのに父親として接することを強要されるんなら、もう無理だから縁を切ろうよ」と返す以外になかった。

　でも、その電話の最後、親父にはちゃんと「子どもも3人できて、土地も買っ

て、よかったじゃん。幸せになってね。God bless you」と伝えられたんだ。中途半端に恨み続けたり、最後に「死ね！」とか怒鳴りつけたりするんじゃなくて、「幸せになってね」と言えたことは、自分にとって本当によかったと思う。親父への鬱積した気持ちをずっと抱えてたのが、ようやく昇華できた。だからもう一生会わなくても、いつ彼が死んだとしても、後悔はないね」

人生を受け入れて進む

　因果からも、憎しみからも自らを解き放った檀廬影。彼の言葉は、これから多くの人を救うだろう。おおげさな、と思うだろうか。だが、彼自身は間違いなく、いまそのために生きている。『僕という容れ物』の冒頭には、こう掲げられているのだから。「全ての苦しむ人々とマイノリティに捧ぐ」。

　「いままで本当に苦しい人生を送ってきた結果、俺はもう自分っていうものがなくなっちゃったんだ。どこかに行っちゃった感じ。だから、もうそっとしておいてほしいと思うときもあるけれど、そうもいかない。世の中のため、人のために活動することにしか俺が生きている意味はもはやないし、それだけが俺の救いになると思う。

　俺が強く思うのは、小説にせよラップにせよ、アーティストって自分をとことん晒け出す存在なんじゃないかっていうこと。俺はこれまでのつらい経験から学んだことをすべて宝だと思ってるし、それを人とシェアしたいんだ。俺は肌の色で差別されてきたけど、たとえば障害がある人もLGBTと言われる人も、俺にとってはみんな同胞なんだよ。もっと言えば、いわゆるマイノリティだけの話でもない。マジョリティの中で何不自由なく過ごしているようでも、じつは違和感を抱えて生きている人、苦しい思いをしている人はいると思う。俺が勝手に言ってるだけで向こうは「お前なんか知らねぇよ」って思うかもしれないけど（笑）、でも、そういう同胞たちがすこしでも生きやすくなるようにしたい。生き急いで苦しくなるときもあるかもしれないけど、俺みたいなやつもいるし、ぼちぼ

ちゃっていこうよ、って」

　話を終えて、居酒屋に入った。魚と日本酒が売りの、居心地のいい店。座敷の席に二人で座ってメニューを見ていると、おしぼりをもってきた店員が、開口一番愛想よくこう言った。「日本語すごい上手なんですね」。

　空気が一瞬で凍りついて、そのまま砕け散ってしまったような感じがした。けれど檀廬影は、笑顔で応対していた。自分はずっと日本で生まれ育ったことを話すその笑顔に、曇りはないように見えた。

　オーダー後、「さっきも聞いたけど、こんなふうに言われるんだ」と尋ねた。彼は、「もうしょっちゅうだよ。外に出れば、一日に何回だって言われる」と苦笑してみせ、こう言葉を重ねた。「でも、俺は、こういう人生を選んで生まれてきたんだと思う」。

　それは、いわれのない差別や偏見にたいする諦めの言葉では決してない。その逆だ。人生で起きるいろいろなことを、楽しいこともつらいこともすべて宝として、自分のなしうることの果てまで進んでいく力。DyyPRIDEのラップには、檀廬影の言葉には、それがある。そして、彼が伝えようとしているのは、わたしたちもまた、その力を宿した同胞だということなのだ。

仲間への福音をラップする[グッド・ニュース]

FUNI

取材・文＝新教出版社編集部・堀真悟

"勘ぐるな、案ずるな。
状況は最悪だけど、
お前はだいじょうぶだ」って伝えたいんだ。"

ハラボジが言ってた「切って貼ったような人生だった」って

「14で日本に渡った たった何秒かで人の命を奪った」次の言葉が僕の心
　に突き刺さった

「弾薬を工場で作ったのは私だった」と告白し 渇いた頬に涙がつたった

一日中 夢中 向き合った機関銃

でも本当に求めていたのは自由……

「右向け右」走り続けたGhostの記憶は脆く記録にはならない

ハラボジが言ってた「切って貼ったような人生だった」って「でもいい人
　生だった」って

迫りくる明日 何を残す

耳すます 微かなGhost Blues

ふと思い出す 手と手合わす

語りかけてくれるGhost Blues

涙流す 汗を流す

命の数だけGhost Blues

ずっと照らす 手と手繋ぐ 月明かりが示す太極truth

　FUNI（フニ）は、かつて自らが所属していた2人組ユニットKP（ケーピー）の
代表曲「Ghost Blues」で、自らの「祖父（ハラボジ）」についてこのように歌っている。それ
はひるがえって、FUNI自らの人生をも証しする。彼の人生がはじまったのは、
京浜工業地帯の一角をなす神奈川県川崎市の中でも、韓国・朝鮮に出自を
もつ人びとが多く暮らす川崎区桜本。人種主義がはびこる日本社会に生きる
寄留者（ディアスポラ）、それがFUNIの最初の自己認識だった。

　「「Ghost Blues」は、植民地統治期に日本に出稼ぎにきてから定住した父
方の祖父と、韓国に住んでた母方の祖父の2人の像を合わせてラップした曲
だね。俺の父親は在日2世で、母親は在日との結婚を機に来日したニューカ
マーの韓国人。当初、父親は日本語、母親は韓国語しかできなかったけど

文通でお互いの言葉を覚えたらしい。だから俺は、在日コリアン2.5世って名乗ってる。

　俺は4人きょうだいの次男なんだけど、家族の結びつきがめちゃめちゃ強くて、いまなら虐待って言われかねないくらいキツい民族教育を受けてた。まず叩き込まれたのは、「自分が"普通の人間"だと思うな」っていうこと。「お前は普通の人の3分の1の価値しかない、だから人より3倍がんばれ」って。あと、うちには特別なイニシエーションがあって、子どもは4歳になるとひとりで飛行機に乗って韓国の漁村に行って、そこで1年間母方の祖父母に育てられることになってた。父親は自分が何者なのか悩んだ時期があったらしいから、子どもに韓国人のアイデンティティをもたせたかったんだと思う。

　韓国で俺がまず学んだのは、信用できるのは自分の感覚だけだっていうこと。日本では「韓国人」って言われてたのに、韓国に行った途端「日本の子（イルボナ）」って呼ばれて、そんな状態じゃ誰の言葉も頼りにはならないから、何事も自分の手で触れて感覚をつかむしかなかった。あとは、臨機応変にうまくやること。そのときどきのフロウの中でベストを尽くしつつ、自分にとってプラスになるものを吸収していくしかない。俺はヘラヘラしてるけどタフだし、ワルじゃないけどふつうじゃない。それは、あの原風景があるからだよ」

　厳しい通過儀礼をへて帰国した1年後。もともとFUNIの祖父がスクラップ処理場から発展させたダクト工場を営んでいた一家は、祖父の死去とともに同区内の川崎大師に移り住み、鉄加工工場・高吉機器製作所をはじめた。そこで、FUNIは新たな試練に直面する。

　「川崎で労働力の供給源となってきた桜本はなかば韓国みたいな地域で、小学校の全校生徒の半数が在日だった。けど、有名な寺のある川崎大師は由緒ある土地柄で、学校でも在日は俺だけ。それでも、最初はうまくやれてたんだ。ハングルができるし名前もちょっと違うし、「俺、カッコいいっしょ」みたいな（笑）。あと、家の工場の経営が厳しくて当時から溶接の手伝いをさせられてたから、「俺は仕事しているんだ、子どもじゃねぇ」っていう自負もあった。

それが小学校4年生のとき、俺の本名の「ジョンフン」が獣のフンみたいだって言われて、はじめていじめられたんだよね。本当にヘコんで、家に帰って「なんで日本で生んだんだ」って大泣きしたのを覚えてる。名前や国籍っていう、自分の力のおよばないことで叩かれたのがキツかった。民族のアイデンティティがマイナスになったのはあれがはじめてだったけど、自分の意志だけでは変えられない状況に対処するトレーニングになったから、よかったんだと思う」

デトロイト川崎のサウンド

　自らのエスニシティが攻撃された経験すら、FUNIは「よかった」と言い切る。彼をそこまで鍛え上げたのは家族だけではなく、家族を介して通いはじめた在日大韓基督教会川崎教会と、その元牧師の李仁夏（イ・インハ）が中心となって1988年に設立された日本人と在日外国人の地域交流施設「ふれあい館」の存在が大きい。そこでは、牧師の金性済（キム・ソンジェ）（現・マイノリティ宣教センター理事長）や信徒の金迅野（キム・シンヤ）（現・在日大韓基督教会横須賀教会牧師）が、キング牧師やマルコムXの本や言葉を教えてくれたという。そしてFUNIは、そのコミュニティの中でヒップホップと出会う。

　「母語を話したくてコリアン・コミュニティを探してた母親が川崎教会とつながったことがきっかけで、俺も教会に顔を出すようになった。川崎教会にはどんな子どもにも目をかけて面倒を見てくれるおとながいたから、おぼっちゃんみたいな子だけじゃなくて、行き場がない不良も来てて。中二のとき、そんな不良の先輩からBUDDHA BRAND（ブッダ・ブランド）の「人間発電所」のCDを渡されて、聴いたら一発でハマっちゃった。

　翌日、俺は中学の放送委員だったから、校内放送でさっそく「人間発電所」を流したんだ。そうしたら、怖い先輩たちが「いまの曲かけたの誰だよ?」って放送室に乗り込んできた。「ぼくです」ってビビりながら名乗り出たら「おまえ、イケてるじゃん」って認められて、いろんな楽曲を教えてもらうようになったん

だよ」

　いま、川崎は、2000年代初頭にハスラー・ラップを日本に本格的に導入した SCARS（スカーズ）をはじめ、BAD HOP（バッド・ホップ）や FLY BOY RECORDS（フライ・ボーイ・レコーズ）の面々など多くの有名アーティストがひしめくヒップホップの一大拠点として知られている。それはある面では、日本のヒップホップがメディアを通じて急速にポピュラー化し、歴史化されるようになってきたことも影響しているだろう。しかしそうした語りの背後には、地元で経験を共有した者だけが知りえる前史があった。FUNIがやがて自らマイクを握るようになったのも、整序されない荒削りな熱が渦巻くこの地点においてである。

　「中2のクリスマスに教会ではじめて自分でラップを披露する機会があって、それが俺にとっては大きな成功体験になった。だって、おとなが俺の吐いた言葉で泣いたんだよ。正直たいしたリリックじゃなかったけど、14歳のガキがそうやって歌う姿が、おとなには自分たちの思いを代弁してくれているように見えたんだと思う。俺、おとなから「すごい」って認められたことがあんまりなかったからうれしくて、それからはとにかくラップに夢中だった。

　ロールモデルとしてとりわけ憧れたのは、2パックやナズみたいなギャングスタ・ラッパーたち。人種を超えて、まるで俺たちのことを歌ってるかのようなギャングスタ・ラップに、すごく癒される感じがした。しかも彼らは、状況にただ甘んじるんじゃなくて、超・現実打破しようとしている。その姿に惹きつけられたんだ。「街角に立って麻薬を売るか、それともスターになるか」なんてラップされると「その二択しかねぇのかよ」と思う一方、そうなるのもわかる気がするんだよ。自動車産業で一時の発展を見たあと荒廃したデトロイトはいまでは数々のラッパーの出身地として知られてるけど、川崎もそういうところ。日立闘争なんかは有名だけど、就職差別がまかり通る時代を生きてきた一部の在日の間じゃ、そもそも履歴書を書く習慣も根づいてなくて。用意されているおもな選択肢は、弁護士や医者みたいな「士業」を目指すか、焼肉屋やパチンコ屋で生計を立て

るか、あるいはヤクザになるか。じっさい、その選択肢は他人事ではなかった。

　たとえばある先輩のヤクザから「いま目が合ったろ。50万払え」って要求されるでしょ。困って相談した友だちのヤクザが「俺に任せろ」って言うから安心してたら、翌日今度はそいつに「話つけたから、代わりに俺に40万。金ないなら、車出すからプロミス行こう」って言われるんだよ（笑）。だから、こうしたアメリカのギャングスタさながらの経験をラップするSCARSが出てきたときは、すごいインパクトがあった。STICKY（スティッキー）さんが「ここじゃダチがダチじゃなくなる」（SCARS「SCARS」）とか「友だちでも気が抜けないのが川崎スタイル」（SCARS「MY BLOCK」）ってラップしてるけど、これって俺らのリアルそのものなんだ。でも、STICKYさんをはじめA-THUG（エーサグ）さんやBES（ベス）さんたちSCARSの曲は、俺はすっげぇ好きなんだよ。「大事なものは家族と金」って言い切るその言葉には、嘘がないから」

「ONE KOREA」の葛藤

　2002年、ストリート・トラブルにも大きく巻き込まれることなく成長したFUNIは、東京の中央大学に進学した。さらにそのころ、金迅野を介して同じ在日のラッパーLiyoon（リユン）に出会い、KPを結成する。

　「ロサンゼルスにKPっていうコリアンギャング集団がいるんだけど、俺らのユニット名はそこから取ったんだ。「こんなにヤバいコリアンラッパーがいるんだぜ」って示したくて。「KOREAN」の「POWER」「PEOPLE」「PRIDE」みたいな複数の意味も込められるし。当時はやっぱり、活動を通じて人種主義と対峙しなきゃいけないって思ってた。ただ俺自身は、どちらかというとその時々のフローに乗って動いている面もあったな。ライブの共演者に「FUNIくんって将来何になるの？　アーティスト？」って聞かれても「わかんない」って答えて驚かれたり」

　折しも時代は韓流ブーム。半ば波に乗せられるかのようにメジャーレーベル

仲間への福音をラップする｜FUNI

〝人種を超えて、俺たちのことを
歌ってるかのようなギャングスタ・ラップに、
すごく癒される感じがした。
だって川崎も、デトロイトみたいなところだから。〟

からデビューしたKPは、NHKのハングル講座や舞台『GO』（金城一紀原作）への出演など活動の幅を広げていく。だが、その裏には葛藤があった。

「当時のメディアでの「コリアン」の捉え方にはすごく違和感があって。ラブ＆ピースとかグローバルとか「人種なんか関係ない」とか言われても、うれしさ半分かなしさ半分なんだよね。つらい経験を分かち合える仲間が人種を超えたところにいてはじめて、「同じ人間」だっていう言葉を手触りのあるリアルなものとして語れると俺は思う。

あと、事務所に所属してたことで自由がきかない面も大きかった。自分たちのエスニシティを経験にもとづいた確かな言葉でラップしたくて「ONE KOREA」って曲を作ったけど、事務所はリリースしたがらなかったね。ハングル講座でも、当時のアメリカ・ブッシュ大統領批判を話そうとしたらNGになったし。まぁ、結局言っちゃったけど（笑）。

ただ、そうやっていくら動いても結局はエスニシティばっかり注目されちゃって。俺らはあくまでラップを評価してほしいのに、ゲストで呼ばれるのは平和運動の集会とかが多くなっていった。そういう場に、KPみたいな存在が必要だったってことでもあるんだろうけど」

資本主義のハスラー

筆者は2008〜09年ころ、KPのライブを何度か見たことがある。ステージ上でパワフルにラップする姿は、強い印象を残した。だがこのときKPは、お仕着せのエスニシティを拒否しつつ自分たちの音楽性を打ち出すという複雑な課題に直面していたのだ。その後、MCバトルへの出場やメジャーレーベルとの契約終了にともなう自主レーベルの立ち上げで方向性を模索したが、2010年、ついにKPは活動を休止する。それと時を同じくして、FUNIはふたつの岐路の間で選択を迫られることになった。

「李仁夏さんの孫でINHA（インハ）ってラッパーがいて。最初は俺がラッ

プを教えたんだけど、俺がメジャーで活動してる間に INHA はアンダーグラウンドで有名になってたから、しばらくお互いにギクシャクしてた。でも、共通の友人のトラックメイカー OCTOPOD（オクトポッド）が仲介してくれて、3人で新たに MEWTANT HOMOSAPIENCE（ミュータント・ホモサピエンス）を結成することになったんだ。アルバム完成直前までこぎつけたんだけど、INHA の事情から計画は途中でストップしちゃった。

　ただ俺は、それで食っていけるとは最初から思ってなかった。INHA とは互いを理解しあう仲になれたから、一緒に長くやっていけたらいいかな、って。一方で、とりあえず食うために営業職のアルバイトをはじめたら、営業が6000人もいるデカい会社でいきなり成績トップになっちゃって。これはいけると踏んで、そこで知り合った人と3人で IT 関連企業を立ち上げたんだ。

　そのあとは、180度方向転換してひたすらメイクマネー。前は夢の中でもラップしてたのに、今度は事務所に泊まり込みで24時間ハスリング、みたいな。最終的には社員80人にまで会社を成長させて、自分も新宿のタワーマンションに住むようになったけど、ラップをやってたころの仲間とはいつしかまったくつるまなくなってた。俺は、悔しかったんだと思う。KP が続かなかった、それは、音楽で人の心を動かすんだって思いが全否定されたってことだから。「だったら資本主義のゲームとやらを本気でやってやるよ」って思い詰めてたけど、それは「みんなで一緒に上がってく」っていうヒップホップの精神とは真逆の、「ザコは蹴落とす」っていう精神じゃないとできないことだった」

　STICKY が「ハスラーからラッパーへ」（「WHERE'S MY MONEY」）とラップしているのとは真逆のプロセスをたどり、FUNI はビジネスに没頭していった。そこから FUNI が目覚めるまでには、約4年の期間と手痛い代償を要することになる。

　「まだラップやってたころから、日系ブラジル人の女性と付き合ってて。会社をはじめてからは、とにかく稼ぐことが彼女のためになるんだと思ってたし、いずれは結婚して子どもを産んで育てるつもりだった。でも、2014年の大晦日、

彼女にフラれちゃったんだ。「アンタのやるべきことって、本当にそんな仕事なの？　アンタ、こんなところで終わるようなヤツじゃないでしょ」って言われて。その夜は、人生でもドン底じゃないかってくらいへコんだね。

　あのころは「この仕事が俺の使命^{ミッション}なんだ」って自分に発破をかけ続けた結果、自分を見失ってたんだと思う。彼女のおかげでそれじゃダメだって気づけた俺は、翌日の元旦、一緒に会社を動かしてた友だちに会社を譲ることにした。俺は俺にしかできないことを、ラップをやろう、って」

普遍性から地元へ

　ベンチャー企業の社長として上り詰めた高みから降り、自分のいるべき世界へと帰ることを決めたFUNI。しかしその過程では、さらなる彷徨の必要があった。アメリカ、ロシア、アフリカ、パレスチナ……世界各地を訪ね、単なる言語の域を超えて民衆に共有された音感を吸収しながらビートを組み、ラップする。それはヒップホップのルーツを、あるいは世界に離散したコリアンの足跡をたどる旅であると同時に、「いつの時代も変わらない民衆の本質」に触れる経験だったという。

　そして、この本質を体得したFUNIが最後に行き着いたのが地元・川崎だった。2016年に帰国した折には、制作がストップしていたMEWTANT HOMOSAPIENCEのアルバム『KAWASAKI』をリリース。2019年には、川崎を本格的な活動拠点としてソロ名義でのアルバム『KAWASAKI2~ME, WE~』を発表した。世界各地で録り溜めてきた曲を配しつつストーリーを構成していくこのアルバムは、在日大韓川崎教会の金健^{キムゴン}牧師が自殺した、その葬儀で実際に録音された音声で幕を開ける。文脈を共有しない人には何のことかもわからないかもしれない、それでも表現せずにはいられない極私的な語りかけこそがこの作品の核であり、必要なことだったのだ。

　「これまではKPやMEWTANT HOMOSAPIENCEでいろんな人と一緒に

活動してきたけど、『KAWASAKI2』では自分だけの力で勝負してみたかったんだ。そのときには、金健牧師とその息子・金在源に対して何かを語らずにはいられなかった。十戒に「あなたは殺してはならない」って書かれてるのを根拠に、キリスト教は自殺は罪だって教えてきた。にもかかわらず牧師が自殺するって、ある種奇妙なことだけど、いまの時代の歪みを反映してるような気もする。じゃあ、その牧師の説教を聞いてきた地元の子どもたちは、自殺についてどう受け止めたらいいんだろう。何よりも、俺の大切な友だち在源は、その死をどう思ってるんだろう。彼の胸の内なんて当時の俺には知る由もなかったし、俺は口下手だから会ってもそんなことは話せなくて。でも、マイクを持てば、俺の気持ちを伝えられるし、残された人たちを勇気づけられる気がしたんだ。

　そうしてたったひとりの人に届けようとする姿勢が、『KAWASAKI2』を成り立たせてる。それまでの俺の活動には、できるだけ広い舞台で多くの人に聴かせたいっていう普遍性を志向するところがあった。でも、このアルバムはそうじゃない。実際に聴いてもらえれば、いろんな仲間たちと過ごした時間やそこで交わした会話が、そのまま詰め込まれているのがわかると思う。中には、アルバムを作ってた当時の状況次第では、二度と会えないかもしれないやつだっていた。でも、そいつらのために、そいつらと俺が一緒に居続けるために、こういう作りにしなきゃいけなかった。ほかの誰もわからなくていい、でもお前だけはわかってくれ、そうやって呼びかけるための曲が詰まってるんだ。もちろん、自己満足じゃ意味がないから、楽曲としてのクオリティはつねに意識してる。そのうえで、「世の中をあっと言わせたい」から「顔の見える仲間に届けたい」へと、俺の考え方が変わってきたんだと思う」

「最悪」を伝える福音

　これは隔離されたディープコミュニティのストーリー

"ほかの誰もわからなくていい、

でもお前だけはわかってくれ、

そうやって呼びかけるための曲が詰まってるんだ。"

一人一人が自分なんて確立できずに

傷を見せ合ってディスり合ってできたストーリー

一人一人が自分なんて確立できずに

確率より逆説を信じて生きるんだ

ひずんだ社会の隙間

持たざるものの文化

愛に満ちた排気ガスを一緒に吸い込んだ

それがお前と俺を生んだ

「Yonayona (feat. tristero)」

　ユニバーサリティからフッドへ、世間から仲間へ。こうした転換は、FUNI
自身の生活の変化と並行しているともいえる。現在FUNIは、実家の工場で
職人として働く日々を送っている。いま、川崎という場に根ざしたその生活の
座から、ラッパーとしてのFUNIの使命（ミッション）が新たに立ち上がりつつある。

　「いまの時代、コミュニケーションの手段としてSNSが台頭してきたことで、
逆に人と人とが分断されてると思う。ネットでばかり人の動きを見てると、どう
しても勘繰っちゃうじゃん。「あいつ売れてるな」とか「うまくいっててうらやまし
いな」って。俺自身は2019年に結婚したのを機に実家で働き出したんだけど、
いまは毎日の仕事がとにかく大変で。歌詞を書いてもフラストレーションのはけ
口にしかならないような日々だから、人に対して余計に勘繰りに入っちゃう。

　でも、そんな勘繰りなんて俺たちの人生には不要なんだ。実際には誰だっ
て大変で、限界ギリギリのところでやってるんだから。ここ川崎にいるってこと
は、その厳しさを仲間と共有しながらやっていくってことなんだと思う。たとえ
ば誰かがやってる店に遊びに行けば、苦労しつつもがんばってるところを見ら
れるし、ネットだけではわからなかったそのリアルな姿にこっちも支えられて、
次の制作意欲をもらえたりする。ひとりじゃ制作が進まないときも、仲間にビー
トを提供してもらったり、一緒にスタジオに入ったりすれば気持ちが引き締まる。

そうして支えてくれる大切な仲間たちを喜ばせたり安心させたりしたくて、俺は
ラッパーをやってるんだ。

　俺に言えることは決して多くないし、もちろん自慢なんかじゃない。むしろ、
「状況は最悪だけど、俺もなんとか生きてるよ」って自分を晒け出すことしかで
きない。だけど、そうじゃないと人の心に響くものは作れないと思ってて。いま
の社会って、家でも、仕事場でも、あるいはZoomの画面の前でも、自分の
感情を押し殺して公的にふるまうことばかり求められる。でも、これまで俺の存
在を形作ってくれた人たちが教えてくれたのは、私的な感情を大切にするって
いうことだった。普段演じさせられてる自分の姿を裏切り、あてがわれた言葉
の規制線（ボーダー）を超えてその感情を表現することは、痛みを伴う大変な闘いだよ。だ
けど、俺はこの闘いに勝たなきゃいけない。勝って、「勘ぐるな、案ずるな。
状況は最悪だけど、俺だって生きてるんだから、お前はだいじょうぶだ」って
いう俺からの福音（グッド・ニュース）を伝えたい。そうして、お互いいつ死んでもおかしくない
ような厳しい状況を生き抜いてきた仲間から「こっちもなんとか生きてるよ」っ
て応答があったとき、それは俺自身にとっての命の糧、福音（グッド・ニュース）として届いてく
るんだ」

　『KAWASAKI2』をへて2020年に発表された楽曲「Knowledge 2 wisdom」
にはこうある。「自分裏切り続ける奴のみ手にする勝利／自分さらけ出した奴の
み超えていけるborder ／まるでMarcel Proustの発見の旅／景色じゃなくキ
ヅキじゃなきゃ意味がない」。裏切りと越境、それは自分と仲間たちの手の中
に福音を奪取するための闘いだ。「自分自身を語る」というヒップホップのアティ
チュードに裏打ちされ、「福音を伝える」というキリスト教の本義によって貫か
れたこの闘争に、FUNIは必ず勝利するだろう。「あなたがたは、この世では悩
みがある。しかし、勇気を出しなさい。わたしはすでに世に勝っている」（ヨハ
ネによる福音書16章33節）と告げられていたように。

6

生活のコンシャスネス

MCビル風

取材・文＝新教出版社編集部・堀真悟

"生活しているからこそ、
誰かと交わって心の動きを感じられる。
その尊さを、地に足がついた視点で表現したい。"

ヒップホップはどんな人生も見捨てない。人が社会の圧力のなかで自らの輪郭を失いかけたとき、そのスタイルは自分が何者なのかを物語る力を与えるだろう。特別な出自や経験は必要ない。誰であれ自分自身の人生を生きようとする人と、ヒップホップは共にある。

　だからそれは、スター性とは本質的に無縁のものだ。近年、日本のヒップホップはお茶の間にも流れるメジャーな音楽となり、他ジャンルの大物アーティストとの共演も多数と、シーンはまさしく百花繚乱。その表層だけをなぞると、ヒップホップは才能の産物であるかのように見えるが、違う。その力は、生活を送り、人生を積み重ねる中で発揮される。ヒップホップを知るということは、生活／人生に自覚的（コンシャス）なラッパーに出会うということだ。

居場所のない音楽家

　NO DJ 1MC、自作の跳ねるようなビートに乗る詩は、景色と心情が交差する純粋なポップネス。そんなMCビル風（かぜ）a.k.a.ヤングハイエースは、1985年に埼玉県春日部市（当時、庄和町）で生まれた。東京まで電車で1時間ほどの典型的な郊外の生活を、ビル風はこう振り返る。

　「引っ込み思案な子どもだったんですけど、音楽好きの父の影響でいろいろ聴いてました。印象に残ってるのは、父が買ってくるレゲエのコンピ。と言っても、渋いルーツ・レゲエとかじゃなくて夏レゲエみたいなのでしたね。あとは、Jリーグの応援歌の「オ〜レ〜オレオレオレ〜」ってやつ（「WE ARE THE CHAMP」）。父親があれを家でずっとリピートしてた覚えがあります（笑）。

　自ら音楽に触れたのは中学生のときですね。春日部にA1ミュージックっていう中古ショップがあって、いろんな音源が安く買えるのを知ってからは通いつめてました。当時はメロコアが好きでグリーン・デイやHi-STANDARD（ハイ・スタンダード）を聴いてたんですけど、柏や大宮に出たほうが掘り出し物があるから、次第にそっちにも遊びに行くようになって。

高校では、学校の軽音楽部には入らずに、趣味の合いそうな人たちとコピーバンドを始めました。ぼくはギターボーカルだったんですが、だんだんコピーだけじゃ満足できなくなって、何曲かはオリジナルを作ったりもしましたね」

　音楽好きの父に、中古のCDを聴き漁ってバンドを組んでいた10代。いかにもアーティストの思い出話らしいが、ビル風自身は複雑な表情を見せる。

　「バンドはそこまで本気じゃなかったですし、むしろ高校2、3年のころには学校に居場所がないって感じてました。友達がいなかったわけではないんですけど、「自分は誰にも必要とされてない」「自分がいなくても何も変わらない」っていう気持ちに襲われることがよくあって。そんなときは、学校を抜け出してA1ミュージックに行って帰ってました。ちょっと拗ねてたというか、誰かに構ってほしかったのかもしれません」

　そんな心境に一石を投じたのは、大学進学だった。

　「ビルマ語が勉強したいと思って、東京外国語大学に進学したんです。ヒップホップグループの大御所ビースティ・ボーイズがチベットの自由・解放を訴えて開催した「チベタン・フリーダム・コンサート」のことを知って、「そうか、チベットがアツいんだ！」と思って。いま思えば、チベットとビルマ語は何の関係もないんですけど（笑）。

　でも結局、大学生活では音楽にどっぷり浸かってましたね。高校からの同級生に誘われてtoxic memorials（トキシック・メモリアルズ）っていうオリジナルバンドを組んで、ベースを弾いてました。あと、入学してすぐに付き合いだした彼女が下北沢に住んでたので、そこに入り浸ってはライブハウスに遊びに行ったりして。

　ただ、大学の軽音サークルとかにはやっぱり居場所がなくて、同じようなはぐれ者たちとばかりつるんでたんです。そうしたら「外大に昔あった映画研究会は、Melt-Banana（メルトバナナ）を輩出した歴史ある音楽サークルだから復活させよう」という話になって、後に悲鳴っていうバンドで有名になるガンディを中心に再始動させました。といっても各自が好きな音楽をコツコツとやる感

じだったんですけど、たまたまラップやってるやつが誰もいなかったので「俺、やってみるよ」と言って始めたのが、MCビル風です。ビル風って、アーバンな響きがいいなと思って」

MCビル風は、新たな居場所を得るために創造された自画像だったのだ。しかし、居場所とはしかるべくして解散するものだ。ビル風は、再び岐路に立たされることとなる。

「単位が足りず留年しちゃったんです。借りてたアパートから実家に呼び戻されてなんとか卒業したものの、就職活動もうまくいかずしばらくはフリーターとして過ごすことになりました。正直、かなり鬱々とした気持ちでしたね。就活で挫折した劣等感がすごかったし、自分が何をしたいのかもよくわからない。音楽は一応続けてたんですけど、彼女にも「そんなことでどうするの」って言われて気が滅入るばかりでした」

"I against I"

駅前のレンタルビデオ屋で夜勤、帰宅後は晩酌しながら映画を観て、感想をネットにアップ。昼過ぎに起きて趣味のスケートボードを練習、そしてまた夜勤へ。楽しげだが、どこかぼやけた毎日。それに輪郭を与えたのがヒップホップだった。

「ビル風を名乗りだした当初は、じつはそこまでヒップホップ好きじゃなかったんです。ラップをやろうと思い立って、スヌープ・ドッグのベスト盤とウルトラマグネティックMC'sのアウトテイク集、クール・キースのソロアルバムの3枚をとりあえず買ってきたんですけど、どれも癖が強くて。正直、よくわからないままに聴いてましたね。

そんな中、自分にとって転機となったアーティストが二組いて。一組は、横浜を代表するアーティスト、サイプレス上野とロベルト吉野です。2007年にかれらのファーストアルバム『ドリーム』を新譜で聴いたとき、視界がワーッと開け

〝ヒップホップの世界に入っていけないっていう意識があったからこそ、自分なりのやり方でがんばっていた。〟

るような感じがしたんです。BUDDHA BRAND（ブッダ・ブランド）とかも好き
だったんですけど、かれらはそれとも全然違って。こんなふうに心が軽くなるも
のを作ってる人たちがいるんだって驚きました。それ以来、PSG（ピーエスジー）
とかが出てきて盛り上がりを見せていた日本語ラップをどんどん聴くようになりま
したね。

　あとは、日本語ラップの開拓者ECD（イーシーディー）です。最初は音源を
聴いてもピンとこなかったんです。ハマるきっかけとなったのは、ECDの著書
『ECDIARY』（レディメイド・インターナショナル、2004）を下北沢の古本屋で手
に取ったことでした。日々働きながら音楽に実直に向き合うECDの姿が文章
からまざまざと伝わってきて、ぼんやりと過ごしていた自分にとってはものすごく
衝撃的でした。以来、ECDの音源を聴き漁って著書もTwitterもチェックする
ようになったんですけど、パーソナルな表現こそが人の胸を打つ普遍性を獲得
するんだってことを、自分はECDから教わったと思っています」

　上げられるアーティストの名から、ビル風の音楽的なセンスが磨かれてきた
経緯が垣間見えるようにも思う。もっとも、衝撃を受けたからといって、誰もが
すぐさまサイプレス上野やECDのようになれるわけではない。ビル風はヒップ
ホップというスタイルの海に、必死に漕ぎだしていく。

　「本格的にヒップホップを聴くようになってからは、クラブに遊びに行ったり
MCバトルに出たりして自分がそのカルチャーの一員だってことを示そうとしてま
した。個人的に大好きで、めちゃくちゃカッコいいと思う人たちに声をかけて、
南池袋ミュージック・オルグでやってた自分の主催イベント「HOMEWORK」
に出てもらったり。同世代の千葉のラッパー VOLOJZA（ボロジャザ）さん、
SIMI LAB（シミラボ）の RIKKI（リッキ）さん、ERA（エラ）さんや Cherry
Brown（チェリー・ブラウン）さんを呼んだこともあります。自分はヒップホップの
世界に入っていけないっていう意識があったからこそ、自分なりのやり方でが
んばってましたね。

　一方で、どの音楽ジャンルでも、カッコいい人もいればよくわからない人もい

るんだなとも思いました。バンドやってたころから感じてたことではあるんですけど、ロックだろうがヒップホップだろうが、結局は変わらないんだなって。

　そのころぼくが掲げていたのが、ハードコアバンド、バッド・ブレインズのアルバム名から取った"I against I"って言葉です。何がしたいのかもわからずダラダラと生きてるだけの自分と向き合って克服していく。ぼくはすごく寡作で、新曲を作ろうとしても「やる」と「やらない」の間に暗く深い河が横たわっていて、なかなか取りかかれないんです。目指すカッコよさの水準が高い反面、実際に曲を作ると自分のしょぼさに向き合わないといけなくなるので。そんな自分と闘いたいと思っていました」

ハイビームが照らす夜

　"I against I"、音楽活動の中で獲得したそのスタイルを、ビル風はやがて生活にも反映させていく。しかし、そこで直面したのは、この社会の硬直した階級構造だった。

　「一念発起してハローワークに行って、2012年に音響機器の輸入代理店に採用されたんです。「好きな音楽関係の仕事だし、これで彼女にも顔向けできるぞ」と思って、うれしかったですね。でも、そこがとんでもないド・ド・ド・ブラック企業で。入社してすぐに出張があって、先輩と2人でハイエースに乗って東北に行ったんですけど、まずその車中で延々説教されたんです。「いままでみたいな生き方はここじゃ通用しねーからな」って。で、その日の懇親会ではめちゃめちゃに飲まされて潰されて。翌朝寝坊したらその日の夜も帰りの車中もずっと説教が続き、脳みそが縮みあがるような感覚がしました。ほかにも、飲み会の余興でフリースタイルさせられたりとか散々な目にあった末に、その会社は退職しました。

　その後、内容は二の次でもっと手堅い仕事につこうと思って、包装紙の製造会社に入ったんです。でも、そこは超タテ社会のいわゆる昭和の会社で。

前の仕事ですでに地獄を見たので大抵のことは耐えられる自信があったんですけど、それも粉々に打ち砕かれました。営業として担当を割り振られるんですが、何をどうしたらいいのか全然わからず、自分の力で仕事を回しているという実感が得られなくて。結果的に、半年で自主退職を余儀なくされました。

　現在も闘病中の鬱病の診断を受けたのもこのころです。音楽関係の知人たちに支えられて2014年にファーストアルバム『HOMEWORK』こそ出せたものの、その内容はフリーター時代に作った曲ばかりでしたし、お世話になっていたミュージック・オルグの閉店も重なって、とても音楽なんて作れる精神状態じゃなかったです」

　だが、新曲を出さないから、ライブをしないからといって、それはヒップホップをやめるということではない。過酷な労働の間も、ヒップホップはビル風のそばにあった。

　「とくに最初の会社では、20代半ばの一番フレッシュな時期にもかかわらず、いっそ殺してくれっていうくらいの厳しい目にあわされました。でも、ある程度仕事に慣れてからは手応えもありましたし、それなりに思い出もあって。機材を積み込んで毎日休みなく長距離を走ってると、だんだんハイエースが自分の分身みたいに思えてくるんですよ。どんなにボロボロになっても、こいつだけは一緒だって。

　その車中ではいつもECDを聴いてました。ちょうど『Ten Years After』『Don't Worry Be Daddy』『The Bridge』の三部作が出てたころで、歌詞で描写される働くECDの姿に自分を重ね合わせて。あと、山梨・一宮のラッパー田我流（でんがりゅう）との共演曲「Straight Outta 138」でECDが「こちら大原交差点　一宮までは国道20号でつながってる」ってラップしてるんですけど、ぼくも仕事で毎日その交差点を通るんです。山梨への出張もあって。「ああ、ここにECDがいるんだ。たしかに国道20号でつながってるんだ」って思うと、なんだか勇気づけられて。あのとき、ECDには本当に助けられましたね」

　ビル風の二つ名・ヤングハイエースの由来ともなった当時の経験を歌った曲

〝カッコいいか悪いかじゃないところで考えるようになってきた。〟

がある。「抑圧的なシステムに反旗を翻す、自分の作品の中で最もメッセージ性の強い曲」だという「High-Beam & I-Beam prod. by 田島ハルコ」だ。

> アスファルト切りつけるタイヤ 沢山のテールライトが真っ赤
>
> Stars on the ground 流れる環七 ECDかけて曲がる大原
>
> ETCカードなしで首都高のゲート突入 ベタ踏みで加速
>
> もう何でもどうでもいいような夜 でも絶対投げないさじ 握るハンドル
>
> 何から何まで安直 何すりゃ一体満足？
>
> 後ろに積んでる段ボール 急ハンドル切り Ride on
>
> All messed up まためちゃくちゃ 飛び散る脳髄グチャグチャ
>
> 鉄骨納品しなくちゃ 誰かが泣いてる行かなくちゃ！
>
> 自分を殴って眠眠打破！金全然ねえ貧民だが！
>
> 給水いらねえ給油もいらねえ 気が滅入るようなこの世の中！
>
> でかい面下げて人を傷つけてのうのうとしてるクソボケカス
>
> ハイビーム照らしハイエースが行く
>
> 鉄骨納品 One man army 止まるまで終わらネバエンディングジャーニー
>
> Like a rolling stoned でボヤケる視界　壊れる世界
>
> 鉄骨納品 One man army 止まるまで終わらネバエンディングジャーニー
>
> Like a rolling stoned でボヤケる視界　ここじゃ死ねない

　もう何でもどうでもいいような夜を、それでもハイビームで照らして。社会によって追い詰められた地点、押しつけられた自分の姿形から離脱し、ビル風は先へと進んでいく。

生活のほうへ

　「好きなことで働こうと思って、いまはスケートボードに関わる仕事をしてい

ます。そこでの人脈を通じて、以前から大好きだった韓国のアーティスト、ユンキー・キムと知り合うこともできて。彼の音源を日本で流通させるために自主レーベルSATURDAY LAB（サタデー・ラボ）を立ち上げ、2019年には最新アルバム『Music Made With Electronic Products』をリリースしました」

　2019年には自身のEP『July Tape』をBandcamp上でリリースし、現在活動の幅を広げつつあるビル風だが、決して浮ついた日々を送っているわけではない。Twitterのアカウントには、残業で疲れ果てたり憂鬱な気分に襲われたりしながらも、淡々と日々を過ごす姿が記録されている。

　「よく「有」と「無」ってことを考えるんです。何かを作り出せるクリエイティブな有の状態と、何も生み出せないままの無の状態。ぼくの音楽の原動力って、有に対する憧れなんですよね。有になりたくてたまらないんだけど、自分は内面が空っぽの無なんじゃないかっていう気持ちがあって、この懸隔を埋めようとして生まれるのが自分の作品なんです。できあがる曲は憧れた形とは違ったものになることがほとんどですけど、それはあまり気にしてません。無の自分を受け入れた上で、その無を振り切って有へと転じようとする、その過程そのものが自分らしさなのかなって」

　有だけで成り立つ表現は優れているかもしれないが、無からは遠ざかっていくだろう。無から有へと横断する普遍性、それがビル風のヒップホップなのだ。

　「昔は、音楽に心が軽くなる瞬間を求めてたんです。でも、最近はその気持ちがなくなってきました。カッコいいか悪いかじゃないところで考えるようになってきたんです。たぶん、自分の生活がようやく確立されてきたからなんでしょうね。カッコよさにばかり囚われているとまともな日常は送れなくなりますけど、日々の生活の実感を得られたことでそこを割り切れたというか。

　いま、クソみたいなことが当たり前に横行する世の中になってますよね。正しくあろうとするだけでも精一杯だし、自分を含め心身がおかしくなる人がいるのも仕方ないと思うんです。けれど、そんな中でもみんな生活を送っている。それは諦めではないと思ってます。クソなことに囲まれながらも生活しているから

こそ、誰かと交わってお互いの心の動きを感じられる瞬間がある。そんな生活の尊さを思うし、現在制作中のセカンドアルバムはそのことを地に足がついた視点で表現したものになるはずです。どんな憧れのアーティストよりも、いまのMCビル風の新曲を聴けることが、自分にとって一番の楽しみですね」

　ビル風は「自分にできることしかできないんで、やっぱりポップな感じになると思います」と言い添えた。だが、それこそが本道なのだ。浮遊感でもなく、カッコよさでもなく、ただ有であるだけでもない、自らの必然性に従うことが生活／人生に尊厳を奪還する。あとは、一歩進み出る勇気だ。

　　　やっぱりハイエースがNo.1 大きな扇を描く環七
　　　ラジオから流れてくるサンタナ 目的地に着くのは5時半かな
　　　果たされぬままになった約束 些細なことをエモで脚色
　　　祈りと誓いと無い過不足 孤独な旅路それを覚悟する
　　　泣きだした空 詰まった言葉 絶対に君には伝えたかったことが
　　　音沙汰なくなってから大人になって食べる富士そば
　　　いつの間に雨が上がって外は 土や草花の香りが漂って
　　　ドアを開けて濡れたアスファルト踏みしめて歩を進めりゃ
　　　Young young young young so young
　　　Young young young young so young

「Young」

　踏み出す足をヒップホップが受け止める。ヒップホップは旅路にある者から決して離れず、決して置き去りにはしない。そのことを証しするMCビル風のコンシャスネスは、生活／人生へと取り戻されるべき必然の啓示である。

Disc Guide　　　　　救済のサウンドトラック

「ブルースは絶望を家の外に追い出すことはできないが、演奏すれば、その部屋の隅に追いやることはできる」。アメリカのある文学者は、ブルースの救済についてそう記した。この一節は、現代のヒップホップ／ラップにもまったく当てはまる。12人のセレクターは、フレッシュな語り口で自らのアンセムを紹介し、時代と共にスタイルと価値観を更新しつづけてきたヒップホップの救済を描き出す。

スタイルズＰ

『Dime Bag』

エンパイア、2018

　スタイルズＰは20年以上にわたるキャリアの持ち主ながら、この数年はあり得ないペースで作品をリリースしている。これは、彼の出身であるニューヨークのストリートから今でも高い支持を得ていることを物語っている。スタイルズが支持されるのは、デビュー時から鋭さを増し続けるハードなリリックだけが理由ではない。死と隣り合わせのインナーシティの現実における葛藤のなかで神を求め（「Time Machine」）、そして、自死した最愛の娘への神の加護を祈る（「Lottery Games」）スタイルズの嘆きが、ストリートからの共振を呼び起こしているためだろう。

　そして、「Never Fight An African」のタイトルからは、スタイルズの意識〔コンシャスネス〕の現在地を見て取ることができる。トランプやクリントンは支持しないと表明するだけでなく、オバマも失敗〔スリップ〕したとラップし、「政治なんかあてにしない」（Fuck politics）と言ってのける。これは、スタイルズが数年前から地元で新鮮な野菜をジュースにして提供する店を経営していることに直結するものだ。南アフリカ出身の母から生まれ、アフリカ系アメリカ人としてのルーツを覚えるなかで、スタイルズは政治に頼るのではなく、祖先や同胞の痛みを愛に変えて共同体を再生しようとしている。その地元、ヨンカースにも、サグ・アナムネーシスによる神の国が立ち現れている。

（山下壮起）

XXXテンタシオン

『17』

バッド・バイブス・フォーエバー／エンバイア、2017

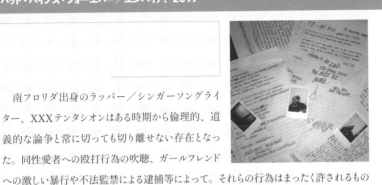

　南フロリダ出身のラッパー／シンガーソングライ
ター、XXXテンタシオンはある時期から倫理的、道
義的な論争と常に切っても切り離せない存在となっ
た。同性愛者への殴打行為の吹聴、ガールフレンド
への激しい暴行や不法監禁による逮捕等によって。それらの行為はまったく許されるもの
ではない。しかし作家のジャレット・コベックは、『ぜんぶ間違ってやれ──XXXテンタ
シオン・アゲインスト・ザ・ワールド』（浅倉卓弥訳、P-VINE、2020）の中で、彼の暴力
の背景にある制度的人種差別やアメリカ政府の欺瞞に満ちた麻薬戦争と、そこから生じ
た父親の不在と愛の欠如について考察し、徹底して暴力的な輩が同時に痛々しいほどの
傷つきやすさを抱えていると指摘する。アメリカのエスタブリッシュメントはそうした社会と
人間が抱える複雑性と向き合うより先にテンタシオンを徹底的に糾弾したが、そんな彼を
デジタル・ネイティヴ世代の若者は熱狂的に支持した。アコースティック主体のインディ・
ロックあるいは"ネットが生み出したオルタナティヴR&B"の中で歌われるのは、希死念
慮や憂鬱や孤独（「Save Me」）、愛の苦悩（「Fuck Love」）などについて。饒舌なフロウ
の一方で、時に発音が不明瞭な独り言のような歌唱は儚い。テンタシオンは痛みと哀し
みの詩を書き、ステージでがむしゃらに飛び跳ね、溢れ出す感情とあり余るエネルギーを
表現に向けることで、自己と他者を救済しようとした。「あんたらの絶望を癒やす助けとなっ
てくれればいい。せめて鈍らせるくらいはできたらいい」。彼は冒頭の「The Explanation」
でそう語っている。XXXテンタシオンは人気絶頂の最中、強盗の銃弾に撃ち抜かれ、
20年と半年あまりの短い人生を終える。　　　　　　　　　　　　　　　　（二木信）

SCARS
（スカーズ）

『CORNER MUSIC』

SCARS、2020

　帰ってきた SCARS による、この堂々たる地元讃歌（フッド）は、空間と主観性についての真理を教えてくれる。〈私〉が空間に住む。これは近代人の発想であり、侵略者・開発者の発想であって、SCARS のようなラッパーたちの発想ではない。すでに完成された〈私〉が外からやってきて場所を占めるという近代的な発想の背後には、それ自体としては何もない、漠然とした受け皿としての空間の把握があり、本来それがもっている歴史的な固有性の――多くの場合意図的な――忘却がある。一方で、SCARS のような都市の野蛮人たちはこう考える。ある身体が特定の場所によって住まわれ、結果として事後的に〈私〉が生まれる。場所は〈私〉に先行するのであり、親密に関係する街角（コーナー）それ自体が主観性を形成するのだ。場所を紐帯とする野蛮な主観性は、姑息で雷同的な近代的主観性と対立する。前者からすれば後者は「ほとんど嘘」であり、視界に入らないか、さもなくば軽蔑の対象でしかない（「信頼してる仲間がいる そのときだけ そのときだけ」）。2005 年のフランス郊外暴動とマフィア・カン・フリの関係しかり、2020 年の NY 暴動とポップ・スモークの関係しかり、近代的統治が生みだす構造的な差別に抗して闘われる都市暴動の BGM が――その表面的な政治性の有無を超えて――地域のフッド・スターの音楽であり、フッド・ミュージックとしてのヒップホップでありつづけてきたのは、こうした理由によるものだ。コロナ禍以降加速する、われわれの身体＝都市にたいする統治によって荒廃した主観性を救済し、ふたたび〈私〉と言い、力強く〈私たち〉と呼びあうために、必聴の一曲。

追記：R.I.P. STICKY。有史以来、音楽がつねに死と対話するための手段だったことをあらためて思いだしつつ、忘却に抗して絶えず記憶を。

（五井健太郎）

Kamui
（カムイ）

『Cramfree.90』

Manhattan Recordings、2018

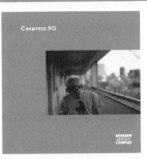

Kamuiは本当にリスナー一人一人を救おうとしているのだと思う。MUDOLLY RANGERS（マッドリー・レンジャーズ）「MY WAY」MVのコメント欄、「俺はkamuiから生まれたのかもしんないわ」というコメントにKamuiがいいねを押しているのを見たとき、そこに差し伸べられている手が見えた。その瞬間だけではなかった。Kamuiは何度も私に語りかけていた。

『Cramfree.90』は決して明るくも開放的でもないが、苦しむ人の孤独に対してははっきりと開かれている。自分の正気すら通じない現実の苦しさをめちゃくちゃになじりながら、同時にそこで這いつくばり、別の場所で這いつくばる誰かに必死に呼びかけている。

Kamuiの音楽は内省的で自己破滅的で攻撃的で、繊細で自意識過剰でずっとイライラしていて、今にも破裂しそうなのに、とんでもなく優しい。それは多分、革命に向けて孤独に踊るための音楽だからだ。苦しい「今」を革命前夜に変えるための音楽だからだ。この世は地獄で、もう手遅れかもしれないし、たくさんの素晴らしい人たちが死んでいった。Kamuiはこの絶望を否定しない。しかしそれでもまだこの世でできることがあるのだと言う。確信が持てなくとも、日が差す瞬間を信じる。希望とは、救いとは、このような音楽のことである。

> 綺麗事かもね　多分
> 偽善かもね　多分
> 誰かにとってはそれでもただ
> 善い人間でありたいんだ

「Aida」

（高島鈴）

救済のサウンドトラック

IKAZUGOKE
（イカズゴケ）

『IKAZUGOKE』

warabisco舎、2017

　私が北村早樹子さんとやっているラップユニット IKAZUGOKEの1stアルバムです。

　昔は結婚せずに年を重ねた女性を揶揄する「行かず後家」という言葉がありました。私も北村さんも30代の独身女性なので、昭和の頃なら「行かず後家」と呼ばれたでしょう。しかしいざ自分がなってみると、なかなか楽しいものです（ただ、自分たちは楽しくても、このユニット名は放送コードに引っかかるということでラジオ出演を拒否されました）。

　私は21歳の頃から自作の紙芝居を上演しており、北村さんは10代から弾き語り活動をしています。お互い全くヒップホップと無縁でしたが、30歳をすぎて唐突にユニットを組んでラップを作り、調子に乗ってCDまで出しました。

　そんな経緯で出来たものなので、このディスクガイドに載せるにはあまりにジャンクかと思いましたが……産まず嫁がず、表現活動ばかりしてきて定職もない三十路女が、東京の片隅で楽しくラップできるのって、いいことなんじゃないかなと思います。

　孤独で自由な女の生と性が滲んだ、シーンとは無縁の徒花のような一枚です。

（飯田華子）

OGGYWEST
（オギーウエスト）

『OGGY & THE VOIDOIDZ』

多摩丘陵RECORDs、2020

まるで夏らしいことがなかった2020年夏、私は社会問題や政治不信、苦しくなってしまったSNS、人とうまく喋れないなどの現実とうまく対峙できず、ハードSFを読んだりと割と別次元に思考を飛ばす方向で過ごしていた。そんな時にこちらの次元に意識をとどめさせてくれたのがOGGYWESTの1stアルバム『OGGY & THE VOIDOIDZ』だった。

まず冒頭「国は狂ってくけど俺は元気」（「VOIDOIDZ feat. onnen」）というリリックに心をつかまれた。その後も「ジェラピケ母子手帳」（「つづける」）、「俺らが商品ふざけた話」（「お金」）など、この国で生きてる自分にとってリアルなリリックに共感しまくってしまった。虚無を感じるリリックが多いが、浮遊感のあるトラックや空想とユーモアが加わり低空飛行をキープしている感じだ。

ラストの「牢屋」まで聴いて少し笑ったと同時に怒りというか、現実やってくしかないという力が湧いた気がする。

意識が変わったりエンパワメントされたりはないが、虚無でもしょうがないという許しを勝手に感じ、心が健康なふりをするのもやめた。地に足のついた救いを感じたアルバムだった。

（DJののの）

253

救済のサウンドトラック

東金B¥PASS
（とうがねバイパス）

『DA THING』

TORQUE TUNE、2017

　東金B¥PASS はラッパーの AADAAD a.k.a. df¥（アーダーディ a.k.a. デフィ）とビートメイカー SOSTONE（ソーストーン）からなる二人組。その名の通り千葉県東金市を根拠地に活動している。当盤は彼ら自身がハンドルするセルフレーベルからの 1st アルバムとなる。近頃（というよりはもう少し以前か）よく聞かれる「ロードサイドのリサイクルショップで ¥100 で買ったレコードをサンプリングして作ったビートの上で云々」という言葉が所謂 HIPHOP の郊外化を記号的に意味するのなら、その地点より更に遠ざかった場所では如何なるドラムの上で何事がスピットされるのか？　という問いへの回答を含む HIPHOP で、このアルバム以上のものを私は知らない。youtube で公開されているアルバム収録曲の「LIFE LIKE」と「FRESH FISH」の MV は彼らの制作・生活環境の一端を捉えており、裏話めいたことを云うと、最寄りのそれっぽいボイスルームまで片道1時間半を要する"田舎"に住まう彼らは、人里を離れ独りブラックメタルを奏でる先輩のホームスタジオでこのアルバムを録音し、農道から国道へ、今夜のステージがある街までの道筋を駆け抜ける道中でテストプレイした。であるにもかかわらず、"田舎なのに"あるいは"田舎だから"という言葉は、彼らの音楽が持つ本質から無限に後退してしまうだろう。収録された12曲が示すところは固有の土地とそこにある彼ら個人の人生を背景としつつも、それらに拘泥すればするほど、それらの固有性を抜け出し普遍化される意識と意志の形状であり、だからこそ SOSTONE の捩れた唐竹を二つに割ったような HONESTY BREAKS と、その上で流暢に、しかし、のたうち回りながら吐き出される df¥ の韻文は「体質みたいに当たり前」に「なんならお気に入りを囲む四角で」（「DA THING」）とサイケデリクスを志向し、「中心と周縁」にまつわる物語を無化し続ける。HIPHOP という名のブラックホールから取り出された究極の彩度を湛えた光に照らされた Beats と Rhymes と Life がここにはある。

（Phonehead）

MFドゥーム

『OPERATION: DOOMSDAY』

フェンドル・エム、1999

　1990年代の初めにラップグループKMDとして活躍していたゼブ・ラブ・エックスとその実弟サブロック。メジャーレーベルのエレクトラと契約して1stアルバムをリリースし、順風満帆に見えたその活動であったが、2ndアルバムのリリース直前にサブロックが不慮の事故で命を落としてしまう。また、首を括られた『ちびくろサンボ』のキャラクターをあしらった過激なアートワークを理由に、そのアルバムはお蔵入りとなってしまうのであった。最愛の弟を失い、レーベルとの契約も解除され、失意のどん底に陥ったゼブ・ラブ・エックスは人々の前から忽然と姿を消す。そしてそれから数年後——旧態依然としたワックな音楽業界を滅ぼすために、鉄の仮面を被ったスーパー・ヴィラン＝稀代の大悪党、MFドゥームとして彼は復活を遂げるのであった！　これは映画やまんがの世界の話ではなく、現実に生きる一人のラッパーの、魂が震えるような血と涙にまみれた地獄からの復活劇である。私はこのMFドゥームが誕生するまでのエピソードが大好きだ。内臓がズタズタに引き裂かれるような悲劇に襲われながらも、どこか滑稽さがあるから。下手なフィクションよりも余程胸を打つし、そして何よりこちらの気持ちを熱く奮い立たせるから。人々の前から姿を消して、ホームレス生活を送っていた彼がオーディエンスの前に再び姿を現したのは、とあるオープンマイクのイベントでのことだった。その時にはまだトレードマークである鉄仮面はなく、ストッキングを被ってマイクを握ったらしい。震える話じゃないか。MFドゥームの1stアルバムである本作は、彼自身の手によるシンプルで時に拙い荒削りなビートと、超常的で形而上的な比喩とアクロバティックな韻を駆使した唯一無二のライムによって成り立っており、何度も繰り返し聴きたくなるような奇妙な中毒性を持っている。彼の存在と彼の作る音楽によって、私は何度救われてきたか分からない。これからもずっと聴き続けるだろう。

※2021年1月1日、SNSを通じてMFドゥームの訃報が飛び込んできて、多くの人々を悲しませました。彼の音楽は人々の間で永遠に生き続ける。R.I.P. MFドゥーム。　　　　　　　　　　　　（MCビル風）

『O.B.E. VOL.1』

ジャカルタ、2014

このアルバムがリリースされた2014年の話。私事ですが、今思い返すと、あまり良い事なかった1年だった……

当時、レーベル買いしていたジャカルタ・レコーズから出た新人のデビュー LP を JET SET KYOTO（ジェット・セット・キョウト）で購入。家に帰り、いつも通りにキチッと SIDE A から針を落とす。

長いイントロを経て、ドラムロールが入り、1曲目が始まる。5秒もすると、FUTURE な BEAT&FLOW に気づく。この質感は病みつきだ！と年に何回もない衝撃が走った。

色んな場所や状態で聞いたが、アルバムを通して、いつでもどこでも完璧な心地よさ。A1 が特に好きで、迷わず頭から針を落とす瞬間は格別だった。

このアルバムは2014年の MY BEST DISC にも選出し、それを表記する際に、ジャケを見ながら ANDERSON. PAAK ってタイプして、名前を覚えたっけな。その後、ドクター・ドレーの目に留まり、陽の目を浴びる事に。

2020年リリースの「Lockdown」も、世界的混乱で滅入る状況の中、英語はわからないけど、希望の光として聞こえていた。

アンダーソン・パークには頭が上がらない。

（DJ GAJIROH）

NERO IMAI
（ネロ・イマイ）

『BEAUTIFUL LIFE』

RC SLUM、2014

　救済をテーマにということで、少しイレギュラーか
もしれませんが、こちらのアルバム冒頭に収録された
イントロを選びました。RC SLUM（アールシー・スラ
ム）、HYDRO BRAIN MC's（ハイドロ・ブレイン・
エムシーズ）のNERO IMAIは、日本でもトップレベルのスキルを誇るラッパーで、ヒッ
プホップ・ミュータント。

　そして、自らも言うようにアニマルな魅力をラップの中でも自由に体現できる数少ないラッ
パーの一人。その彼が2014年に発表した作品『BEAUTIFUL LIFE』から。どこからか
静かに立ち上がってくるようにはじまり、ここにいること、安堵と不安、確信をフリースタイ
ルで刻み込んでいく。後ろで聞こえる友達の会話や反応。報われないまま時間は過ぎて
いくけど、ここでは意識が共有され保たれていて、現在進行形に遊んでいる。救いとなる
ようなことはまずこのような状態からはじまるのではないかと思います。続くアルバム本編も
勿論素晴らしいので未聴の方は是非聞いてみてください。
（YUGE）

　ラッパーは預言者のようだ、と思うことがある。日々起こる街の出来事を物語り、人びとが胸に秘めていることを吐き出すラッパーの言葉には、時として、その時代の、その街の声と重なり合い共振する瞬間がある。誰にも聞かれないような街の声を「再現(レペゼン)」するラッパーはまるで神の言葉を預かり反響させる預言者のようだ。

　SHINGO★西成は生まれ育った地元・西成で見聞きしてきたこと、むせかえるような街の匂い、暑苦しい人間の熱をラップの言葉とする。この街で生きる人びとの実感と語彙がどうしようもなく染みついていた言葉のおおくは、夏は熱く冬は冷たい路上のアスファルトの視点から発せられている。

　毎年おおくの人が行き倒れて路上で亡くなっていく状況のなかで、SHINGO★西成は「救済」についてもラップする。その救済は、天上から差し伸べられるものではなく、この街で隣り合って生きる人びとのたすけあいのなかから萌え出る。地獄のような天国のようなこの街でSHINGO★西成は「年がら年中／早そうな奴らに言う「WHAT'S UP！」と「GOD BLESS YOU！」（「ILL西成Blues」）と叫んでいる。

　アスファルトの預言性を歌うSHINGO★西成のラップは、10代から20代にかけての多感な時期を釜ヶ崎で過ごした当時のわたしにとっての「救済のサウンドトラック」だった。開発主義、ジェントリフィケーション、住民立ち退きの暴力が吹き荒れる大阪・西成で、「ここからいまから」SHINGO★西成は何を歌い、どのように街の声を「再現」するのか、聴きつづけたい。

（有住航）

仙人掌
（せんにんしょう）

『VOICE』

P-VINE RECORDS・DOGEAR RECORDS・WD SOUNDS、2016

　福音書によれば、イエスは「大胆に語る」人であった。ギリシャ語でパレーシアと呼ばれるその言表行為は、この世の秩序に敵対するのもいとわず、勇気をもって"ほんとうのこと"を語る営みを意味する。それこそが、いまとは別の仕方で生きることを可能にし、世界をこの生にかなう場へと変成させるのだ。

　これは、古代ギリシャやパレスチナに限られた話ではない。パレーシアをスキャンダラスなまでに徹底して遂行することで知られた犬儒派の哲学者たちのアティチュードは、現代都市の歌う犬たち（ドッグズ）に継承されている。仙人掌は言い切る、「ヒップホップはすべてを肯定に変える」（「BE SURE」）と。みずからの現実を大胆に陳述するヒップホップは、たんなる事実確認を超えた過剰さをそなえている。現実の背後には、それが成り立つ過程で消し去られていったものたちが、じっと佇む闇がある。だが「俺がお前の孤独も歌う」（「Good Day Bad Cop」）ことは、闇を見て沈黙を語ろうとする切迫した意志に満ちている。「すべて」とは、字義どおりすべてのものにほかならない。欠けたものを言葉で縁取り、真理として言表し、現在時へと刻み込むその戦いは、なにも失われていない、「すべてはきわめてよかった」（創世記1章31節）世界を取り戻すのである。

（彭真悟）

救済のサウンドトラック

Profile

山下壮起（やました・そうき）
日本キリスト教団阿倍野教会牧師。著作に『ヒップホップ・レザレクション——ラップ・ミュージックとキリスト教』（新教出版社、2019）、「ギャングスタ・コンシャスネス」（『文藝別冊 ケンドリック・ラマー』河出書房新社、2020）など。

—

二木 信（ふたつぎ・しん）
音楽ライター。著作に『素人の乱』（松本哉との共編著、河出書房新社、2008）。単著にゼロ年代の日本のヒップホップ／ラップを記録した『しくじるなよ、ルーディ』（P-VINE、2013）。漢 a.k.a. GAMI著『ヒップホップ・ドリーム』（河出書房新社、2015、2019年夏文庫化）の企画・構成を担当。

—

マニュエル・ヤン（Manuel Yang）
現在、日本女子大学人間社会学部現代社会学科教員。専門は歴史社会学、民衆史。アメリカと環太平洋／大西洋の歴史を階級闘争の観点から研究。単著に『黙示のエチュード——歴史的想像力の再生のために』（新評論、2019）、論考に「キング・クンタのたましいとはいったいなにか?」（『文藝別冊 ケンドリック・ラマー』河出書房新社）。

—

五井健太郎（ごい・けんたろう）
現在、東北芸術工科大学非常勤講師。専門はシュルレアリスム研究。共著に『統べるもの／叛くもの——統治とキリスト教の異同を巡って』（新教出版社、2019）、翻訳にマーク・フィッシャー『わが人生の幽霊たち——うつ病、憑在論、失われた未来』（P-VINE、

2019）、ニック・ランド『暗黒の啓蒙書』（講談社、2020）など。

—

高島 鈴（たかしま・りん）
ライター、アナーカ・フェミニスト。「ele-king」（www.ele-king.net）にてエッセイ「There are many many alternatives. 道なら腐るほどある」、『シモーヌ』（現代書館）にてエッセイ「シスター、狂っているのか?」を連載中。ほか『文藝』（河出書房新社）、『ユリイカ』（青土社）などに寄稿。オルタナティブメディア「ALTSLUM」（https://altslum.com）の運営にも携わる。

—

飯田華子（いいだ・はなこ）
紙芝居作家／パフォーマー／イラストレーター。自作の紙芝居で各地の酒場やライブハウスに出演。歌手・北村早樹子とのユニットIKAZUGOKEではラップに挑戦し、アルバム1枚、EP1枚をリリース。画業や文筆業も行う。

—

オサジェフォ・ウフル・セイクウ
（Osagyefo Uhuru Sekou）
アメリカ、チャーチ・オブ・ゴッド・イン・クライスト牧師。著書に *Gods, Gays and Guns: Religion and the Future of Democracy*（Campbell and Cannon Press, 2012）、*Urbansouls: Reflections on Youth, Religion, and Hip-Hop Culture*（Chalice Press, 2018）がある。

—

BADSAIKUSH（バダサイクッシュ）
ラッパー。10年代後半に日本のギャング

スタ・ラップを更新した存在。2009年に結成された、埼玉県熊谷市を拠点とするグループ、舐達麻（BADSAIKUSH、G-PLANTS、DELTA9KID）のリーダー。レーベル／ファミリー「APHRODITE GANG HOLDINGS」所属。グループとしての作品に、『R17 JOINT LIKE A BULL-SHIT』(2012)、『NORTHERN BLUE 1.0.4.』(2015)、『GODBREATH BUD-DHACESS』(2019)、京都のラッパー、ANARCHYとの共作EP「GOLD DISC」(2020)などがある。

—

田島ハルコ（たじま・はるこ）
作詞・作曲・トラックメイクを手掛け、自身のアーティストグッズやMVの制作等も行うマルチなアーティスト。 ある時期からニューウェーブギャルをコンセプトに掲げ様々な活動を展開。ソロアルバムに『聖聖聖聖』(2018)、『kawaiiresist』(2019)などがあるほか、Zoomgalsのメンバーとしても活動している。

—

J. Columbus（ジェイ・コロンブス）
WDsoundsのオーナーでありPAYBACK BOYSのヴォーカルであるLil MERCYのラッパーとしての名前。 CENJUと共にCJ & JCというデュオを組んでおり『STEVE JOBBS』というアルバムをリリースしている。CRACKS BROTHERSのダークキャビネットの一員である。かつてはCIAZOOのメンバーであり、現在はINGLORIOUS BAS-TARDSのリーダーである。今までに「SUN COLUMBUS」EP・『NORTH TOKYO SOULTAPE』ストリートアルバムを自主でリリース。2019年には『WAVES, SANDS, & THE METROPOLIS』と題されたアル

バムをリリース。2020年も「NEW ME / GOOD LIFE」、「GAMES feat. AKIYA-HEAD & 原島"ど真ん中"宙芳」と楽曲を発表。盟友BLAH-MUZIKと「WRITE & BLOW 2」というマシンミュージックとしてのHIP HOPアートを発表した。ERA、BUSHMIND、DJ HIGHSCHOOL、CENJU、B.D.、MIKRIS、JBM等の作品にゲストとして参加。ソウルフルで詩的なラップは「街そのものが歌っているような音楽」と評されている。DJや文章を書くときはCOTTON DOPEという名称で活動している。RIVERSIDE READING CLUBの初期会員でもある。NORTH TOKYOで日々生活を送り、Phoneheadと共にMEJIRO ST. BOYZという不定形なUNITとして存在している。LPS. FUT. DMB. SEMINI-SHUKEI. LVDS. THE SEXORCIST.

—

Phonehead（フォンヘッド）
出版レーベル"piano and forest"を写真家頭山ゆう紀と共同主宰。MIXCD「twist and sleep (for the town)」(2016)を発表。同レーベルを根拠点にDJ／パリピ活動を展開中。2017年初夏よりNORTH TOKYOへ移住後、主だったものとして同地を代表するラッパーJ. Columbusとのホームパーティーチーム"MEJIRO ST. BOYZ"や中野のエコーズDJ Abraxas as Aquar-ium a.k.a 外神田deepspaceを中心としたリアルアシッドハウスコレクティブ"惨劇の森"に所属。あと本書的(?)に云うと一応"hydro brain"正構成員。一応な。

—

DyyPRIDE（ディープライド）
日本人と黒人のハーフ。20歳でラップをはじめ、ファーストソロアルバム『In The

Dyyp Shadow』(2011)、SIMI LABファーストアルバム『Page1: ANATOMY OF INSANE』(2011)、セカンドソロアルバム『Ride So Dyyp』(2013)、『Page2: Mind Over Matter』(2014)をリリース。2017年SIMI LAB脱退。2019年、檀廬影名義で小説『僕という容れ物』(立東舎)を刊行。

—

FUNI（フニ）

神奈川県川崎市・桜本生まれ。在日大韓基督教会川崎教会会員。19歳のとき2人組ヒップホップユニットKPとしてデビュー。KP活動休止後はIT企業経営などをへて、ラッパーとしての活動を再開、MEWTANT HOMOSAPIENCEのラッパーとして『KAWASAKI』(2016)をリリース。ソロアルバムに『KAWASAKI2 ~ME, WE~』(2019)がある。自分の言葉でラップし、自らを表現するワークショップを主宰している。連絡先：seikun3@gmail.com

—

MCビル風（びるかぜ）

会社員／ラッパー／ toxic memorials ベースプレイヤー。ファーストアルバム『HOMEWORK』(2014)、EP『July Tape』(2019、Bandcampで配信中)。SATURDAY LABレーベルオーナー。Twitterアカウント：ハイエース @harumurakengo

—

DJののの

グローカルベースを軸にしたDJ、トラックメイカー。バンド「umaneco」ラップグループ「RAP BRAINS」にはラッパーとしても参加している。田島ハルコのバックDJとしても活動中。また近年はブラジルのダンスミュージック、バイレファンキを日本に広め

る活動を「バイレファンキかけ子」の別名義で行っている。2020年7月にはvalknee、PAKIN、田島ハルコ、AWAZARUKAS、BrunoUesugiが参加した初のEP、「Tóquio Bug」をデジタルリリースした。

—

DJ GAJIROH（ガジロー）

関西を中心に活動するHIPHOP DJ。STYLES、BORNFREE、BACKWATER、props等のパーティーに参加中。2020年よりMIXTAPE LABEL "VESTYET" を展開しMIX音源をリリースしている。
https://vestyet.thebase.in/

—

YUGE（ユゲ）

JET SET 京都店 Hip Hop 担当／ SEASON OFF 主催。

—

有住 航（ありずみ・わたる）

大阪・釜ヶ崎育ち。日本キリスト教団下落合教会牧師。マイノリティ宣教センター運営委員。農村伝道神学校非常勤講師。専門はエキュメニカル神学・運動史、解放の神学など。共著に『現代のバベルの塔——反オリンピック・反万博』(新教出版社、2020)。『福音と世界』(新教出版社)にて「福音のフラグメント」を連載中。

—

彫 真悟（ほり・しんご）

ときおり執筆活動。著作に「すべてを肯定に変える」、「祈りのアナーキー」、「不幸との接吻——パンデミック下のシモーヌ・ヴェイユ」(いずれも『HAPAX』〔夜光社〕収録)。『文藝別冊 ケンドリック・ラマー』(河出書房新社)「日本語ラップとの交差点／ interview」にて取材・構成を一部担当。

ヒップホップ・アナムネーシス

ラップ・ミュージックの救済

Hip Hop
Anamnesis

Salvation of Rap Music

2021 年 2 月 28 日　第 1 版第 1 刷発行

編者	**山下壮起・二木 信**
発行者	**小林 望**
発行所	**株式会社新教出版社**
	〒162-0814東京都新宿区新小川町9-1
	電話 (代表) 03(3260)6148
	振替　00180-1-9991
装釘	**宗利淳一**
写真	**河西 遼**
印刷・製本	**モリモト印刷株式会社**

I S B N　9 7 8 - 4 - 4 0 0 - 3 1 0 9 2 - 1　C 1 0 7 3

ヒップホップ・レザレクション
──ラップ・ミュージックとキリスト教

山下壮起 著

ヒップホップは、なぜ繰り返し神や十字架について歌うのか。
アフリカ系アメリカ人の宗教史にラッパーたちの声を位置づけ、その秘めたる宗教性を浮かびあがらせる。
気鋭の神学者による、異色の歴史神学にしてヒップホップ研究の新たなクラシック。

A5判変型➡3200円

誰にも言わないと言ったけれど
──黒人神学と私

ジェイムズ・H・コーン 著　榎本 空 訳

黒人解放神学の提唱者ジェイムズ・H・コーン。
過酷な人種差別の経験、黒人神学者としての使命と苦難、
キング牧師やマルコムX、ジェイムズ・ボールドウィンら先人への思いまで、
その人生のすべてを明かす最期の書。コーネル・ウェストによる序文付き。

四六判➡3000円

ジーザス・イン・ディズニーランド
──ポストモダンの宗教、消費主義、テクノロジー

デイヴィッド・ライアン 著

大畑凜・小泉 空・芳賀達彦・渡辺翔平 訳

近代化とともに宗教は退潮すると唱えた世俗化論。
しかしディズニーランドに象徴される高度な情報・消費・技術社会では、
従来の枠組を超えた宗教的営為が開花している。
その機制を分析、自身のキリスト教的倫理をも開示した監視社会論の泰斗による異色作。

四六判➡3500円